DtoC After 2020
日本ブランドの未来

株式会社フラクタ 著

本書を出版するにあたって

私たちフラクタはECを中心としたブランディングを掲げ、前身の会社から数えると15年ほど企業やブランドを支えるビジネスを続けてまいりました。

特に近年「D to C（Direct to Consumer）」と呼ばれるブランドビジネスが注目されるようになってからは、ありがたいことにブランディングの重要性が今まで以上に認識されるようになったと思います。

ブランディングは、さまざまな研究者や実践家によって体系づけられています。しかし、どうしても「難しいもの」という印象をお持ちの方も多いと思います。

私たちフラクタが考える本来のブランディングは、「企業自身が、自分たちが何者かを決めること」です。「何者か」については、自然と湧き上がってくることもあれば、改めて内省して掘り当てる必要があるかもしれません。いずれにせよ、「その企業が何者であるか」は、外部企業が決めることではないのです。

私たちが目指しているのは、「すべての日本のブランド価値の総量をあげること」です。

ブランドの価値を向上させ、日本にある素晴らしいブランドの数を増やす。そのために私たちは、企業自らブランディングを手がけられるよう支援すること、その支援の手を広げていくことを使命としており、本書もその一環です。

さて、本書のテーマは「ＤtoＣ（Direct to Consumer）」です。近年、注目されている「ＤtoＣ」には、ブランディングの捉え方、実践の仕方のノウハウが詰め込まれている――そう考え、テーマに据えました。

ＤtoＣというブランドビジネスのあり方は、コンパクトでありながらも「自分たちは何者か」を強く、わかりやすく定義しており、そこから学べることはたくさんあります。

私たちが本書で実現したいのは、ＤtoＣで実践されてきたことや意義を改めておさらいしていただいた上で、学び取ったことを、自社の戦略にうまく落とし込む術（すべ）を考えていただけるようになることです。

もうひとつ、ＤtoＣに着目する理由があります。それは２０２０年の新型コロナウイルス感染症の拡大が加速させた、消費者の価値観の変化です。その変化に対応するためのヒントも、ＤtoＣに見て取ることができます。我々は、ＤtoＣが提供するサービスは、若者世代や新しもの好きの人から、より広範な層に支持されていくと考えています。

新型コロナウイルスの流行により世界の価値観が大きく変動する２０２０年のこのタイミングで、企業、ブランドはどうなっていくべきか。ＤtoＣを礼賛するわけでもなく、否定するわけでもなく、ブランドビジネスのひとつの進化の道と捉え、彼らの手法から、ブランディングの仕方、消費者の価値観の変化への対応方法をひもといていきたいと思います。この本を執筆するにあたって、今何をすべきかを熱く語ってくださった第一線でご活躍中のマーケター、経営者の皆様、そして本書の出版に多大なるご尽力をいただいた宣言会議の編集の皆様、そして実際の執筆にあたったフラクタの狩野氏、村中氏、南茂氏、眞喜志氏、土井氏、表紙デザイン担当の宮崎氏、広報の小中氏、花沢氏、本書をまとめるにあたりお世話になった皆様に、心よりお礼を申し上げます。

そして最後に、この本を手にとっていただいたあなたへ。

この本を読んでいただき、本当にありがとうございます。世界の変革のタイミングで、同じ時代に生き、同じ時代に「ブランド」について一緒に考えられることを本当にうれしく、そして誇りに思います。どうぞ最後まで、ごゆっくりお楽しみいただけますと幸いです。

株式会社フラクタ 代表取締役 河野貴伸

CONTENTS

第1章

DtoCがもたらしたビジネスの新たな可能性

急速に世の中に普及したDtoCという言葉ですが、そもそもDtoCとはどのようなものなのでしょうか？　この章では、海外や日本のDtoCブランドの紹介と、そのブランドたちがもたらしたビジネスの可能性についてお話しします。

1

DtoCは、直接的なつながりを持つものである

真摯な関係性が消費者を顧客に

まず、2020年以前からすでに見られていた、DtoC（Direct to Consumer）の新しさについて整理しておきましょう。

2020年時点でDtoCという言葉は、報道や一般のSNS投稿にも登場しており、市民権を得ていた印象があります。発端となったのは、2010年代に北米で立ち上がった、ファッションや化粧品、食、健康といった商品やサービスを扱う新興企業でした。

マットレスを販売するキャスパー（Casper）や、メガネのワービー・パーカー（Warby Parker）、化粧品のグロッシアー（Glossier）、スーツケースのアウェイ（Away）が代表

格です。いまやＤtoＣの代名詞となった各社は、創業からまたたく間に評価を高め、時価総額はみるみるうちに高騰していきました。

日本では、スーツのファブリックトウキョウ（FABRIC TOKYO）や、ヘアケア製品のメデュラ（MEDULLA）、栄養食品のベースフード（BASE FOOD）が挙げられます。

これらの企業に共通するのは、「ブランドに対し、高い愛着を示す顧客」を獲得しているということです。それが企業への支持や評価の源泉となり、継続的に成長するために不可欠な、安定的な収益をもたらしています。

これまで、少なくない業種が販売の伸び悩みにさらされてきました。その理由の多くは、需要の相対的な減衰（供給過多）だったのではないでしょうか。消費者から見て、機能的な差異はアピールに乏しく、わざわざ新商品に飛びつく気になれない、という現象が起きていたと思われます。競合商品とのスペックの違いを訴えなくとも、ＤtoＣは顧客を獲得し、維持できている。ここに大きく貢献しているもののひとつは、顧客との直接的、双方向的なコミュニケーションです。

ＤtoＣ――Direct to Consumerはすなわち、企業・事業の主体が直接顧客へ働きかけることを意味しています。具体的にどのようなことをしているのか、一般的なメーカー大手と比べてみましょう。

従来のメーカー大手のやり方をおおまかに捉えると、商品が消費者の手に渡るまでに、製造―流通―販売という経路をたどっています。同時に、宣伝販促においても、広告主―広告会社―メディア会社というふうに分業されています。

一方、ＤtoＣは基本的に製販一体となります。また、宣伝販促でも企業が主体的に消費者とのコミュニケーションを図ります。特筆すべきはこの点で、主体的に消費者とのコミュニケーションを図れる点にあります。企業姿勢や商品哲学などを自ら、ダイレクトに発信できるのです。

実際のＤtoＣ企業の動きを見ても、当たり前のように顧客とＳＮＳでコミュニケーションを取っています。コメントへの返信も積極的です。

先ほど挙げたグロッシアーは、顧客からの商品へのフィードバックをオウンドメディア（自社メディア）で取り上げたりもしています。同社の顧客にとって、これは格別な対応のようで、いっそうエンゲージメント（関与度）が深まっていることがうかがえます。

オンラインにこだわらず、商品にまつわる意見交換の場へ招待し、貴重なアドバイザーとしてもてなすブランドも見られます。

そして、ブランドと直接のコミュニケーションを果たした顧客は、こうした体験を周囲へ広め、新たな顧客となりうる人とブランドとをつなげてくれることもあります。

ＤtoＣの場合、消費者が企業や商品の情報にふれるのも、基本的にはブランドがコントロールするメディア、もしくはブランドを支持する顧客による口コミとなります。他方、分業体制となっている従来の手法だと、消費者がどこで商品を知るのかを把握するのは極めて困難です。店頭で、見栄えのするような陳列で手に取るのか、それとも荒れた状態で手に取るのか。こうした印象の好悪もブランドや商品イメージに影響することは否めません。それを把握するための専門事業者がいるにせよ、同時にコストもかかります。

ＤtoＣは、従来モデルで薄れてしまっていた、消費者とのつながりを再構築しました。このつながりが、顧客から支持を得るためには不可欠なのです。ＤtoＣが一様にブランドの思想や信条、価値観を届けることを何より重視していることが、従来型の企業と最も異なる点と言えます。

２０２０年以前に、ＤtoＣ企業が示した新しさとは、スペック競争に陥り、閉塞していた市場に、「ブランドへの支持を、顧客との直接のコミュニケーションによって獲得した」ということです。ＤtoＣを単なる直販だと捉えていると、見過ごしてしまうのがこの点です。顧客は、つくり手の温もりや息遣いを感じられるようなコミュニケーションに商品の値段以上の価値を感じ、継続的な関係を持つことになります。

では、ＤtoＣは、なぜこのような直接のコミュニケーションができているのでしょうか。

実は各社が提供しているのは物品としての商品ではありません。ですので、ここで補足をしておきます。

キャスパーならマットレスを通じて「快適な睡眠を提供する」、ワービー・パーカーが提案しているのは「メガネなどアイウエアを選ぶ楽しさ」。グロッシアーは「美容に関するアイデアを顧客と共に育てる」。アウェイは「旅のきっかけを提案する」となります。ほかにも、ヒムズ・ハーズ（hims&hers）は、健康の課題解決があります。「購入にまつわる不透明さをなくす」（エバーレーン／Everlane）というのもあります。

第３節でも述べますが、こうしたサービスの背景には、創業者のストーリーがあり、意志や人格が感じられるものになっています。それが、ブランディング（ブランド構築）の一端であることは、言うまでもありません。

つまり、直接のコミュニケーションが成立するのは企業に〈人格〉が感じられるからです。執事のような人格を持つブランドだから相談したくなったり、刺激的でいつも面白い人格だから、そのブランドのイベントに参加したくなったりと、〈人格〉は企業と人々との関係を少なからず規定します。翻せば、こうした個性を感じられないブランドに、誰が興味を抱くでしょうか。こうした〈人格〉を明らかにすることが、ブランド構築作業の第一歩となります。

また、もうひとつの要素として、Ｗｅｂの活用があります。ＤtoＣ企業はいずれも、Ｗｅｂに軸足を置き、積極的に活用し、目を見張るスピードで成長してきました。消費者側を見ても、今後もコミュニケーションでオンラインサービスを活用することは、ますます当たり前になると思われます。Ｗｅｂを主戦場とする企業であれば、なおさらブランド構築が有利に働くはずです。

ＤtoＣの注目すべき新しさは、顧客との新たな関係の構築にあります。従来の製造業、販売業と消費者を峻別した関係や、それに基づく一方的な発信をせず、利用者との誠実で真摯なかかわり方を模索し、築き上げたことが現在のＤtoＣへの支持の根底にあるのです。

そして、これこそがブランディングの重要な点でもあります。企業がD to Cから、成長し続けるための要因を学べるとすれば、第一にこの点が挙げられると考えます。

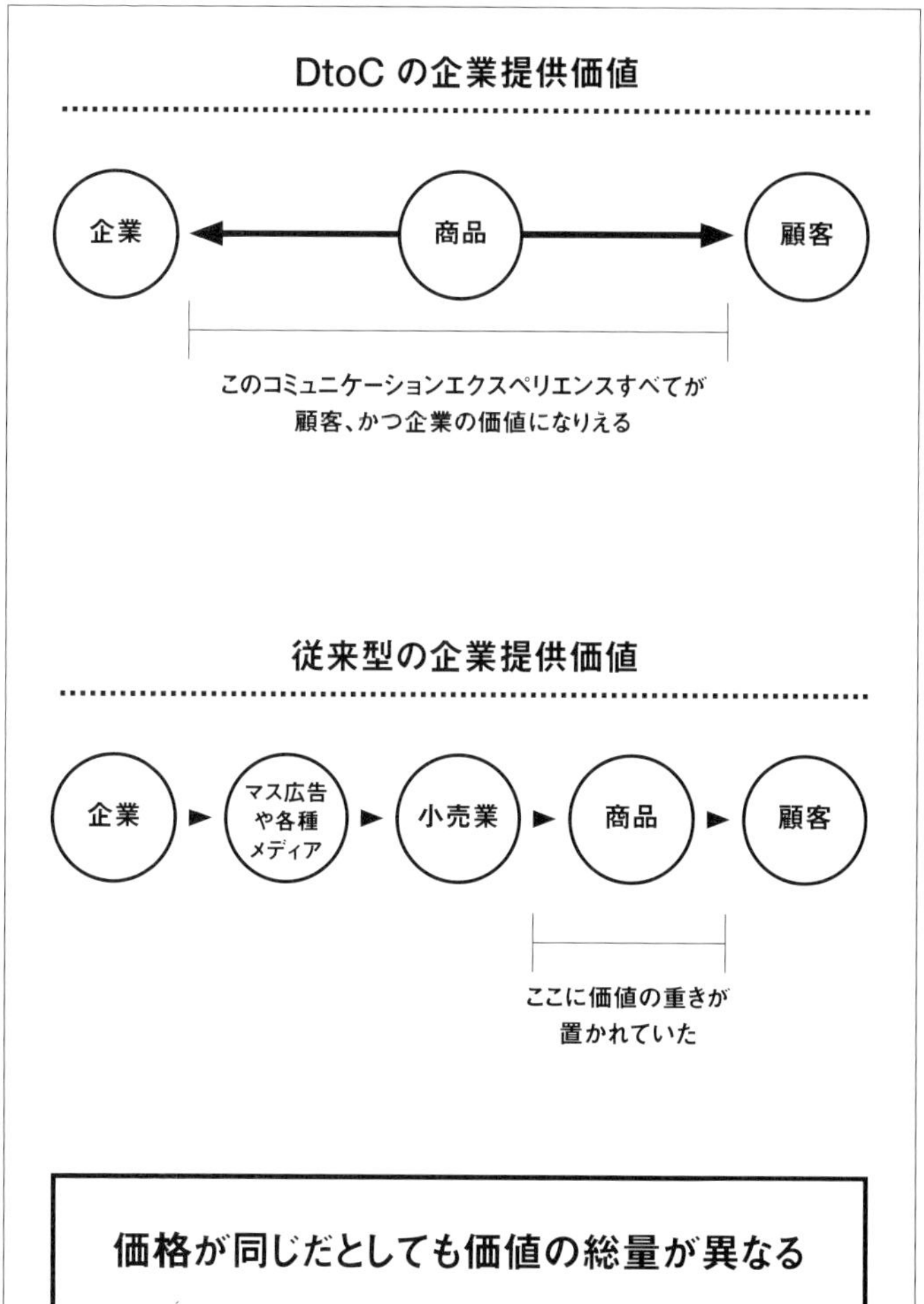

図　DtoCと従来企業の提供価値

2 DtoCブランドに重要な「デジタリー・ネイティブ」という考え方

デジタルを利用して顧客との関係性を築くメリット

「顧客との直接のつながり」と聞くと、ややつかみどころのない印象を受ける方もおられると思います。何がどうであれば、つながっているのか、つながりの度合いをどう見定めるのか。実は、この点でもDtoCブランドはひとつの答えを出しています。

「DNVB」――デジタリー（D）・ネイティブ（N）・バーティカル（V）・ブランド（B）という言葉をお聞きになったことがあるでしょうか。後半のバーティカル・ブランドというのは、専業ブランドという程度の意味です。

重要なのは「デジタリー・ネイティブ」のほうです。語弊を恐れずに言えば、後から努力して覚えた外国語を使うのと、自然と身につけた母国語を話すときの差が近いかもしれません。デジタルが自分にとっての外国語なのか、母国語なのか、ということです。ＤtoＣはデジタル生まれ、デジタル育ちといった様相で、母国語のように当たり前に、よどみなく使うことができます。

彼らは当然のごとく、顧客との関係もデジタル上で結ぶことに躊躇がありません。先ほど、ＳＮＳで積極的に顧客と交流する例にふれましたが、意識的にがんばってというよりは、もうそれが当たり前かのように実施しているのです。

米国で躍進したＤtoＣ企業の多くは、Ｗｅｂ上のさまざまな接点で顧客の「データ」を取得し、有効に活用してきました。販売管理ではもちろんですが、コミュニケーションでも、発信に対するリアクションの把握などが可能です。このようなフィードバックデータを取得できるだけでも、デジタルには大きなメリットがあると言えます。

例えば顧客調査において、グループインタビュー、デプスインタビューを実施することは、半ば常識となっています。しかし、このような定性調査だけでなく、データを活用することで定量的な調査を日常的に可能としている点が「デジタリー・ネイティブ」の強みといえます。どんな人がいつ、自社メディアを訪れるのか、その頻度はどれくらいなのか。どこまでブランドについて言及してくれているか、どんなフィードバックを返してくれるか。細かく挙げていけば、きりがありません。

ＤtoＣの多くはＤＮＶＢです。スタート時点から顧客との直接的なつながりを築き、そのつながりをデータとして蓄積しています。そうした「オリジナルデータ」をマーケティング活動に反映させたり、ブランド価値の定点観測に用いたり、といった活用をしているのです。データを取れるのも、企業と顧客が直接の接点を持てているからにほかなりません。そして得られたデータを基に、顧客に価値を返すからこそ、再びの協力を惜しまない「ファン」になってくれるのです。

顧客とのつながりを、いかに意義ある活動に変換していくか、という点で、ＤtoＣ企業が「デジタリー・ネイティブ」なのは、重要なことなのです。

3 体験も含めた価値提供

海外DtoC企業のストーリー

本章の第1節で、DtoC企業が提供しているのは物としての商品ではなく、顧客の体験を提供している、と述べました。この節では、この点について解説したいと思います。

例えば、ワービー・パーカーには、アイウエアというプロダクトだけでなく、「選ぶ楽しさ」というプロセスがあります。

ワービー・パーカーの「選ぶ楽しさ」は、「ホーム トライ・オン（Home Try-On）」というユニークな試着サービスに反映されています。「ホーム トライ・オン」は、商品を5本まで、試着のために無料で配送するサービスです。メガネは、オンラインで購入を完結させることが難しい商品です。しかし、実物が手元に届けば、誰にも気兼ねすることなくじっくりと吟味できる上、店舗へと足を運ぶ手間も解消されます（処方せんと瞳孔間距離の測定は必須）。

また、「ホーム トライ・オン」では試着した姿を撮影し、写真共有アプリＩｎｓｔａｇｒａｍに、「＃warbyhometryon」と添えて投稿すると、ワービー・パーカーのスタッフが顧客に似合うメガネを評価してくれるサービスもあります。現在では、正規のサービスの枠を超え、ワービー・パーカーのファンが自主的に参加するような動きにまで派生しています。顧客まで巻き込むこうした対話のあり方は、サービス提供を越境する「ワービー・パーカーらしさ」を象徴していると言えるでしょう。

「誰もが見る権利を持っている」という信念の下、ワービー・パーカーは世界中のメガネが行き届かない地域への社会貢献活動にも取り組んでいます。２０１９年には、メガネに続きコンタクトレンズを展開しました。しかも自社のコンタクトレンズだけでなく、他社製品も取り扱っています。この対応もワービー・パーカーのテーマに沿って考えれば違和感はないかもしれません。アイウエアを自由に選べるという選択肢を提供するのであれば、一人ひとりにジャストフィットするコンタクトレンズを展開することは極めて理に適った選択であり、ワービー・パーカーらしい対応と言えます。

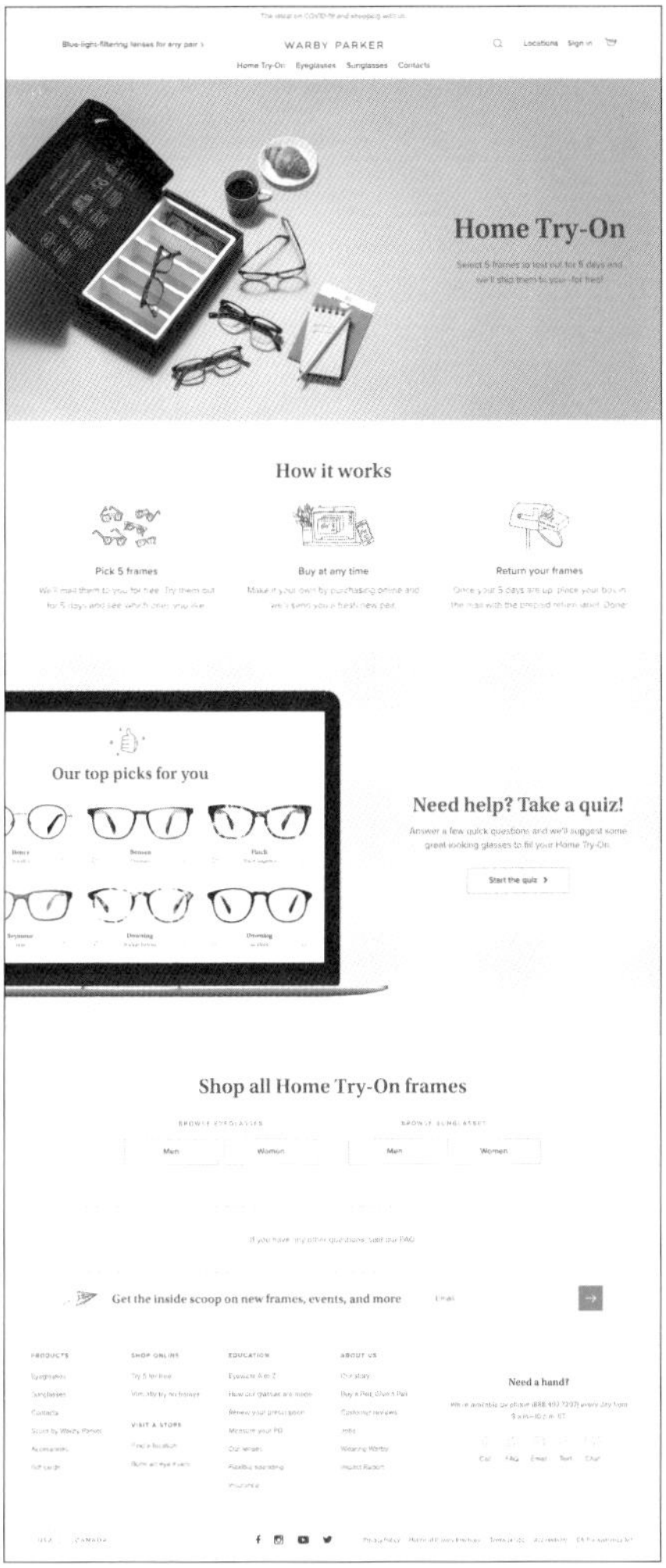

ワービー・パーカー　公式Webサイト

ニューヨーク発のコスメブランド、グロッシアーもコミュニティであり、顧客とのつながりの強いブランドです。

創業者のエミリー・ワイス氏は、もともと『ヴォーグ』のスタイリストでした。自身が運営するブログ『イントゥ・ザ・グロス（Into The Gloss）』が好評で、ファンがコメントを残すような、まさに「コミュニティ」が形成され、率直な意見が寄せられていました。

ブログを運営する中でワイス氏は、顧客が従来企業に満たしてもらえない欲求を抱えていることに気づき、グロッシアーを立ち上げることとなります。着想を得るまでの段階で、すでにグロッシアーは消費者との直接的なコミュニティを形成しており、ユーザーの要望に応えるような形で起業しています。つまりグロッシアーは、起業した時点ですでにファンを抱えていたとも考えられます。

グロッシアーの特徴的な取り組みとして、顧客を巻き込んだ商品開発とPRがあります。

商品の開発にはファンである顧客の意見を取り入れ、顧客のための商品という観点をおざなりにせずに提供しています。この連帯感から顧客は、自身もグロッシアーの一員であるという意識を持ち、ブランド愛から自発的に商品をPRしてくれるような動きにまで発展しています。

PRでは、ブランドと頻繁にやりとりのある顧客を、オフィシャルにPRアンバサダーとして任命し、SNSを起点に発信を委託しています。社会との橋渡しであるPRを顧客が担うというのは特筆すべきアプローチです。Webサイトには「チーム・ピックス（Team Picks）」というコーナーがあり、顧客が写真や名前やコメント付きで商品を推薦しています。こうした活動すべてが、ファンと一緒にブランドを立ち上げた設立の経緯と一貫しており、顧客ニーズから起業に至ったグロッシアーの真骨頂とも言えます。

DtoCは、従来のように商品の機能をフックとするだけでなく、商品の購入や利用にまつわる体験も含めて価値を提供していると考えられます。さらに、例に挙げた両社はそのサービスの大本に創業者の個人的な意志があり、事業にもそれが脈々と息づく一貫性がうかがえます。

顧客の側も、そうした企業としての意志や、顧客が抱える課題に真摯に取り組む姿勢を見て、かけがえのないパートナーとして位置づけているのではないでしょうか。

マスマーケット向けの製品や、年齢や性別、職業、所得や家族構成などの属性に合わ

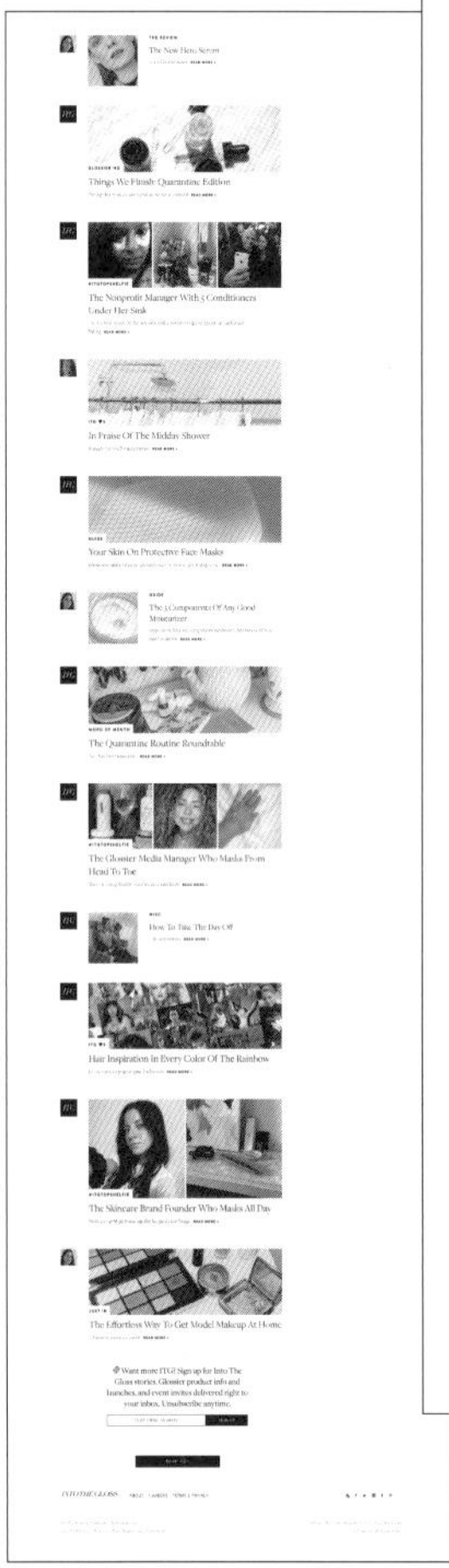

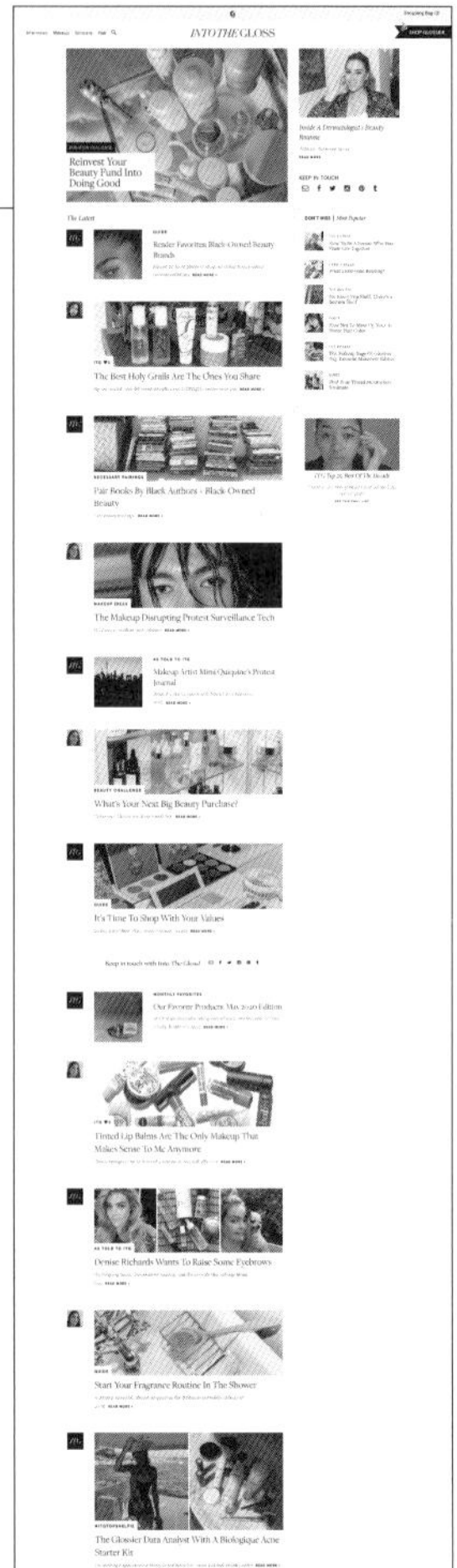

エミリー・ワイス氏運営の
イントゥ・ザ・グロス

せた製品があふれる中、自身のライフスタイルや信念、価値観といった心理的要因にマッチする商品やサービスを探すのが難しくなっているということもあるかもしれません。ＤtoＣ企業の商品やサービスは、どちらかと言えば、後者の心理的要因で顧客とつながっているように見えるからです。

ＤtoＣ企業の特徴として、直営店兼ショールームであるＷｅｂサイトをはじめ、メールマガジンや商品パッケージなど、あらゆる顧客接点にブランドの思想や哲学を反映したニュアンスやユーモアが感じられる、という点が挙げられます。このような一貫したコミュニケーションスタイルが、自分の価値観にフィットする商品やサービスを探している消費者と出会う機会であり、その後の維持につながっているとも考えられます。なにより、こうした一貫性を持たせることが、顧客にとってのブランドイメージを確立させるのです。

そして、どのように収益を得ていくかにおいても、顧客との関係維持を前提にしているのがＤtoＣ企業です。これについては、次節で述べていきたいと思います。

4 ブランドと長くつき合う姿勢

顧客生涯価値を重視したアプローチの重要性

ここまでは、比較的情緒に寄った側面についてお話ししてきましたが、次にビジネスを考える上で重要な収益構造にふれていきたいと思います。

DtoCの顧客とのつながりは商品の販売だけではありません。その真価は、高い顧客生涯価値を重視した収益構造で発揮されます。

DtoC企業は、ここまで述べたように、顧客がブランドのコミュニティの一員となるようなアプローチに積極的です。結果として、強いつながりを持ったロイヤルユーザーは、ブランドに対して商品の購入だけに留まらないコミットを果たしてくれます。ロイヤルユーザーは、広告や頻繁な情報配信を必要とせず、自ら情報を取得する姿勢を持つ傾向にあります。グロッシアーのＰＲアンバサダーのように、企業の魅力を友人や家族といった自らがかかわるコミュニティへ発信してくれることもしばしばです。こうした結びつきは企業がビジネスを効率的に持続させる原動力となります。

顧客生涯価値を売上だけで考えてしまうと、こうしたロイヤルユーザーの獲得に苦戦することになります。たとえば、限定サービスやクローズドイベント、クーポンやキャンペーンによる優待を初回購入以降、段階的に用意するといった再購入の促進策がありますｍ。しかし、新たな顧客の紹介や周囲への推奨のような、ロイヤルユーザーに期待したいアクションが見られない、ということは珍しくありません。特典を前提にしてしまうと、利益率も下がってしまいます。

一方、ＤtoＣは商品購入に至るまで、そして、その後の体験も一連の流れとして慎重に設計しており、初回購入自体もあくまでブランドと長くつき合う過程のマイルストーンと捉えます。顧客と長くつき合うための世界観の拡張や体験の充実は必要な投資であり、高い割合でロイヤルユーザーを生み出すことが見込めます。ＤtoＣのビジネスモデルは、収益を見込む上で一度きりの購入に至るコンバージョンを狙うものではなく、長い時間を共有し続けてくれるロイヤルユーザー獲得や育成に向いているのです。

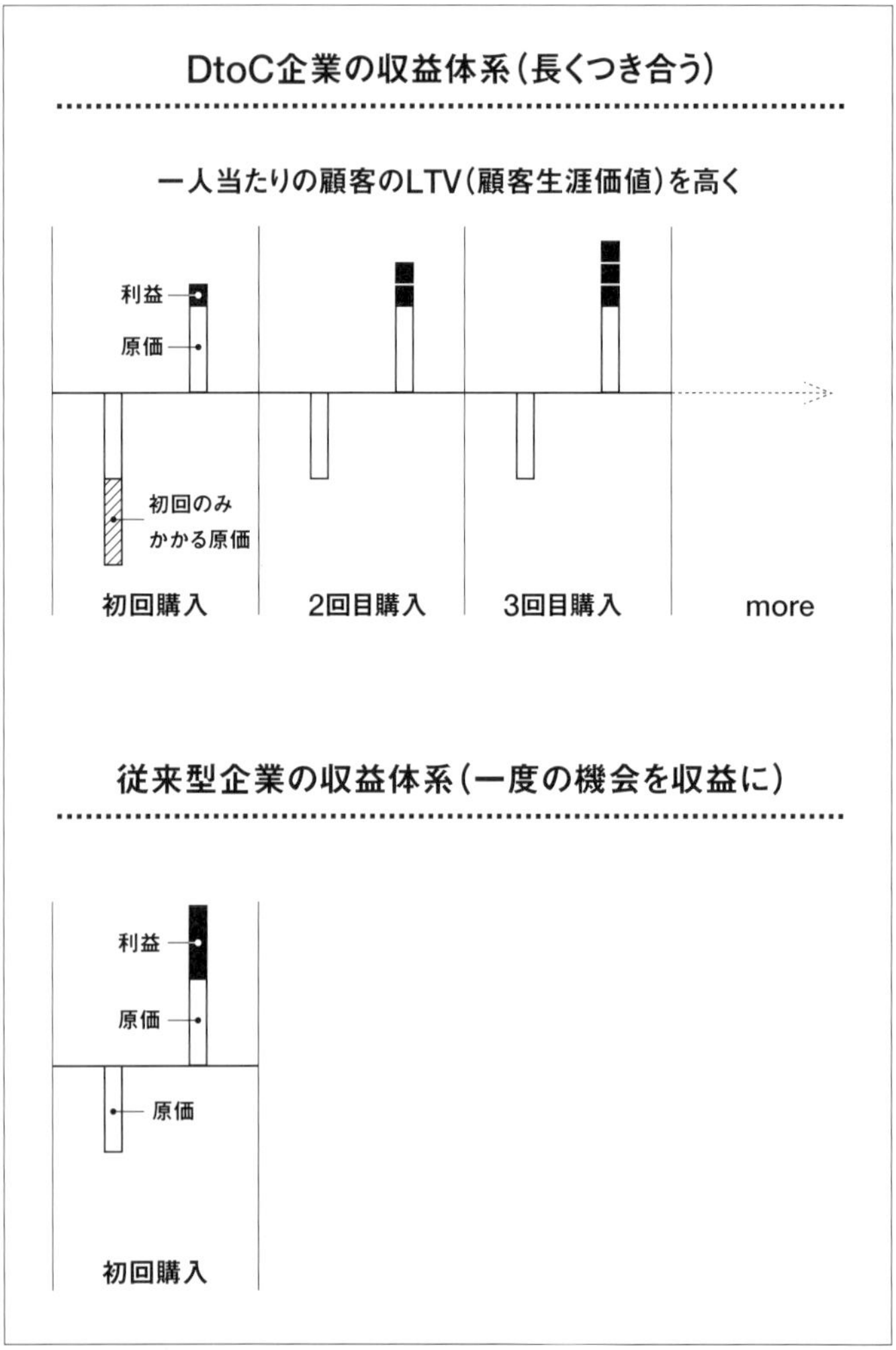

図　単品通販一度の離脱とLTVの複数回購入

5 社会課題を解決する一貫した企業姿勢

オーダースーツ「ファブリックトウキョウ（FABRIC TOKYO）」

日本のＤtoＣで躍進している事例も存在します。ファブリックトウキョウです。

ファブリックトウキョウは、日本のクラフトマンシップ的な考えと、ＩＴ思考を取り入れ、オンラインとオフラインを併合した（ＯＭＯ）事例としても大いに注目すべきブランドです。

ファブリックトウキョウの主な商品は、カスタムオーダーのビジネスウエアです。従来のオーダーメイドスーツのビジネスモデルとの二つの違いを見てみましょう。

まず、店舗での「採寸」について。オーダーメイドスーツを作成するときには、商品を買うために採寸して、都度店舗に行って購入する必要があります。

ファブリックトウキョウでは採寸したサイズをWebサイト上に登録すると、次回からそのサイズで購入することができます。その場で生地選びまで行い、購入することも可能ですし、採寸だけして後日スーツをWebサイトで購入することも可能です。

もうひとつは、生地選びです。オーダーメイドスーツで重要な生地をWebサイトだけで注文するのは、なかなか勇気がいります。そのため、Web注文にて生地を選ぶ際は、気になる生地サンプルを最大10種類まで無料配送してくれて、自宅で確認することができます。もちろん、店頭でもサンプルの展示があり、「コーディネーター」と呼ばれる店舗スタッフに相談しながら選ぶことも可能です。

ファブリックトウキョウにとって、店舗は採寸をしたり、生地を決めたりするショールームのような位置づけとなっています。店舗で生地を選ぶことや購入することはもちろん、時間があるときに自宅で行うこともできます。

従来のオーダーメイド特有の、店舗でのコミュニケーションや選び抜く手間といった購入体験を楽しむ人だけではなく、長時間拘束されずに自分の空いている時間で、よいスーツを購入したい層にもアプローチをしています。

顧客の希望それぞれに合わせた購入スタイルを採れることで、「誰もが自分らしいライフスタイルを自由にデザインできるオープンな社会をつくる」というビジョンと、「自分らしいビジネスウエアを通じて働く楽しさを届けるオープンなプラットフォーム」というミッションを体現しています。

ファブリックトウキョウのこのようなビジネスモデルの展開は、モノがあふれる日本において仕立てにこだわる日本人らしい琴線にふれつつ、採寸を担う実店舗と購入を担うＷｅｂを併合しているＯＭＯの有効性が十分に活きている手法と考えられます。

機会創出がD to Cの見出す道

企業哲学を実直に体現するＤ toＣが顧客へ提供しているのは、顧客が共感できる「意義」や「価値観」です。

Ｄ toＣ企業が行っているアプローチは、顧客が潜在的に望んでいた対話の提供です。決して価格破壊のような形で既存市場に参入し、顧客の奪い合いを挑んだわけではありません。顧客が潜在的に抱えていた欲求に真摯に応えた結果であり、顧客が信頼できる存在として新興ブランドを選択したに過ぎないのです。

Ｄ toＣに限らず、従来企業が顧客となる消費者へ価値と感じる魅力を提供できるかは「企業の提供価値」「消費者の需要（顕在ニーズ）」「社会の課題（潜在ニーズ）」の３つの集約ポイントを突き詰めることで判断できます。この針の穴を通るようなスイートスポットの発見と成立こそが、顧客がＤ toＣに求めているブランドの核となるのです。

3つの課題解決と商品の需要

3つの要素を満たすことができる商品（企業）が
市場に新しい価値として
需要を生み出す

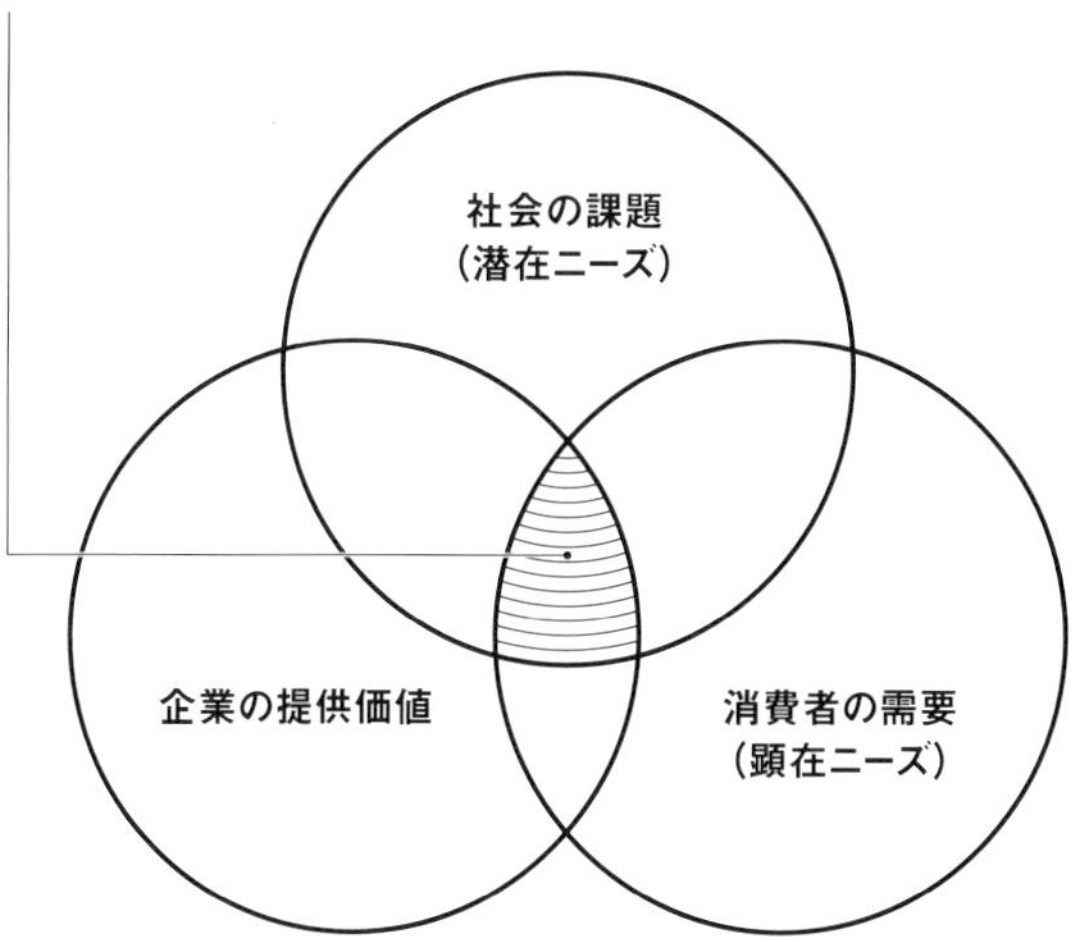

※企業×消費者のみに着目すると、
価格競争や機能比較に陥りやすくなる。

図　3つの課題解決と商品の需要

この図における「企業の提供価値」と「消費者の需要」だけにフォーカスする商品は世の中にあふれています。抜け落ちることが多いのは社会の課題です。米国の事例で挙げた、アイウエアを選べるという社会が成立していないと感じたワービー・パーカーが、アイウエアを選ぶ楽しさを提供した点は、まさに社会的な課題の解決だったと考えられます。ファブリックトウキョウが提供したカスタムオーダーのビジネスウエアを例にとっても、顧客側がイメージする店舗への煩わしさを解消した点で、この見えない課題へのアプローチだったと捉えることができます。

ＤtoＣとは、決してインスタントにブランド構築を狙った手法ではありません。そして、その厳しく難解な条件を通過した先に企業と顧客は強い結びつきを持ち、企業は顧客と共創的にブランドを確立し、そして持続的な成長を可能とするのです。

これまでさまざまな見地からＤtoＣを読み解いてきましたが、改めてお伝えしたいのが、ＤtoＣの成功要因とはブランディングそのものにほかならないということです。例として挙げた企業に共通しているのは、企業活動全般がその企業哲学に一貫した姿勢を有し、それが顧客にとっての価値を醸成するということなのです。

第２章

なぜ、顧客とブランドは本質的につながる必要があるのか

DtoCブランドは顧客とダイレクトなコミュニケーションを取ることを重要視しています。それらはすべてブランディングによって生まれるコミュニケーションからつながりを得ています。DtoCにおけるブランディングはどのようなものなのか、見ていきましょう。

1 ブランディングとは

商売は「顧客との信頼関係」を築く活動

第1章では、ＤtoＣモデルが「本質的な顧客とブランドとのつながり」を重要視していることを述べました。それらはすべてブランディングというアクションと、そこから生まれるコミュニケーションによって生み出されているといっても過言ではありません。

では、ＤtoＣのブランディングとは一体どんなものなのでしょうか？

ブランディングという言葉が世の中で広く使われるようになって久しいですが、日本におけるブランディングの定義にはバラつきがあるように思います。ここでは、私たちフラクタがブランディングをどう定義しているのかについてお伝えします。

ブランディングとは「企業が生き残っていくための方策のひとつであり、商売そのもの」です。ロゴマークやブランドカラーといった視覚的要素を通じて、他者との違いを印象づけることがブランディングだと思われている方も多いかと思います。しかし、技術の進歩が進み、品質が平準化した現代においては、違いは価格のみになりがちです。価格競争から脱することが、これからの時代で生き残るためには不可欠です。

自分たちは何を使命に掲げ、どんな顧客をターゲットにして、どんな価値を提供しようとしているのかを定義し、それをあらゆる手段で表現していく。そうしてできあがったブランドイメージの積み重ねが、顧客とブランドとの間の信頼関係を築いていきます。ブランディングとは、「顧客との信頼関係を築く活動」ともいえるでしょう。

DtoCブランドにおける注目ポイント

DtoCブランドにおいて私たちが注目しているポイントは、ビジネススキルの高い人が、ブランドやクリエイティブなどの「感覚的な要素」の重要性をきちんと認識し、上手に活用しているところです。米国のDtoCブランドの代表格であるワービー・パーカーやキャスパーはいずれも、創業メンバーがビジネススクールの同級生だそうです。そのような、ビジネスを主軸にしている人たちが、ブランディングを当たり前のこととしてビジネスに取り込んでいるのです。

彼らは、ブランドのＥＣサイトやＳＮＳなどで、顧客と直接コミュニケーションを取りながら得たデータに基づく理性的な要素に、感性的な部分を加えることで顧客との関係をより強固なものにしています。そして、洗練された理論とデジタルテクノロジーを駆使しながら、感性に寄ったクリエイティブと泥臭い日々の積み重ね、そして真摯にものづくりに向き合う姿勢から、彼らの成功は生まれています。

顧客との信頼関係

インターネットの普及により、企業が対象とする市場は全国あるいは世界に広がっています。これは、ターゲットが増えるだけでなく、競合も無数に増えることを意味しています。単に同業他社だけではなく、消費者の身の回りにある膨大な情報も競合だと言えるかもしれません。この時代に商売として生き残っていくためには、多大な情報の中から、顧客に自社の商品やサービスを思い出してもらう必要があります。顧客の限られた時間の中に、自社の商品・サービスのために使う時間をどれだけ確保できるか、どれだけ積極的に顧客から選んでもらえるか、と言い換えられます。顧客の記憶・心に残るために、顧客との信頼関係の構築が必要です。

もちろん、顧客との信頼関係の源泉はブランドによって異なります。では、ＤtoＣブランドとその顧客にとって、信頼関係の源泉はどこにあるのでしょうか。

ＤtoＣブランドが発展した背景には、市場の変化もかかわっています。ミレニアル世代（１９８０年代〜２０００年代初頭生まれ）やZ世代（１９９５〜２００９年生まれ）が、Ｅコマースを主軸とした市場での影響力を強めていき、常に膨大な情報の中で、自らも情報を発信する立場として成長しました。

彼ら・彼女らは商品の機能性ではなく世界観を買い、プロダクトではなくそのプロダクトのあるライフスタイルを買うのです。購買の意思決定には、「そのブランドに共感できるか」「そのブランドを信頼できるか」が大きくかかわります。顧客の共感や信頼を得るためには、ブランドが顧客の姿を捉え、自分たちの提供する価値は何か、なぜ自分たちがそれをやるのか、その価値をどうやって伝えるのかを考えることがますます重要になってきています。

ＤtoＣブランドは、そのような顧客・市場の変化をいち早くキャッチして、対応してきたと言えます。顧客の真の姿を捉えるために、顧客とダイレクトにコミュニケーションを取ることが彼らには必要不可欠でした。

ブランドの軸は、「自分たち」で担う

前述のとおり、ＤtoＣブランドは、「何をすべきで、何をすべきでないか」の取捨選択能力に優れています。しかしそれは、すべての最終判断を下す「ブランドマネージャー」や「クリエイティブディレクター」が存在するという意味ではありません。

ＤtoＣという言葉が出てくる前の、従来のデザイナーズブランドやラグジュアリーブランドの多くは「ブランドマネージャー」もしくは「クリエイティブディレクター」が、あらゆる物事を「ブランドらしさ」という視点から判断する方法を採っていました。もちろんその方法は「ブランドらしさ」を守る点では有効ですが、一方で属人化する危険性も伴います。

例えば、そのブランドマネージャーがブランドを離れたとき、それまでの判断軸を

100％踏襲することは難しいですし、ブランドマネージャーの判断基準が徐々に変化してしまうこともあるでしょう。ラグジュアリーブランドでクリエイティブディレクターの退任や就任が大きな話題になるのも、ブランドそのものより、クリエイティブディレクターという「人」についた顧客が少なからず存在すること、その人物の退任と新たな人の就任によって判断軸が「変化する」ことを知っているからと言えるでしょう。

では、Ｄ to Ｃブランドはどうでしょうか。Ｄ to Ｃブランドは、「ブランドへの共感」を種に、仲間を広げるように顧客を増やしていきます。顧客との信頼関係は、（ある種のスター性のある）人やブランドの歴史ではなく、考え方や思想、描く未来から成り立つことがほとんどです。共感で顧客と信頼関係を築くＤ to Ｃ企業にとって、共感する対象がいなくなってしまうことは死活問題。そのため、彼らはブランドの中心にいる誰かで判断するのではなく、ブランドの中にいる「自分たち」で担うことを選択しているのです。

数多くの物事に対して複数の人物がスピード感を持って「ブランドらしさ」を守る判断ができるようになるには、ブランドの「判断基準」を持つことが必要不可欠です。その上で明文化し、ブランドに携わる全員が真に理解できることが重要なのです。この判断基準を私たちはブランドの「コア」やブランドアイデンティティ（ＢＩ）と呼んでいます。

ブランドに必要な「構想力」と「実装力」

ブランドを運営するには、顧客に愛され売れるブランドにする「構想力」と、構想を商品や売り方に根づかせる「実装力」が必要です。成し遂げたいビジョンや理想の姿を描くことに力を注いでも、それを実装できなければ絵に描いた餅でしかなく、逆に実装力があったとしても魅力的な構想を描けなければ、顧客から継続的な支持を集めることは難しく、投資効果は低くなってしまいます。この両方のバランスを取ることが大切です。

ブランドビジネスの実行に必要な「コア」を定める

では、ブランドの「コア」を定義するためには何をして、どう活用していくべきなのでしょう。ブランドの判断軸である「コア」の重要性は理解しつつも、いざ決めようと

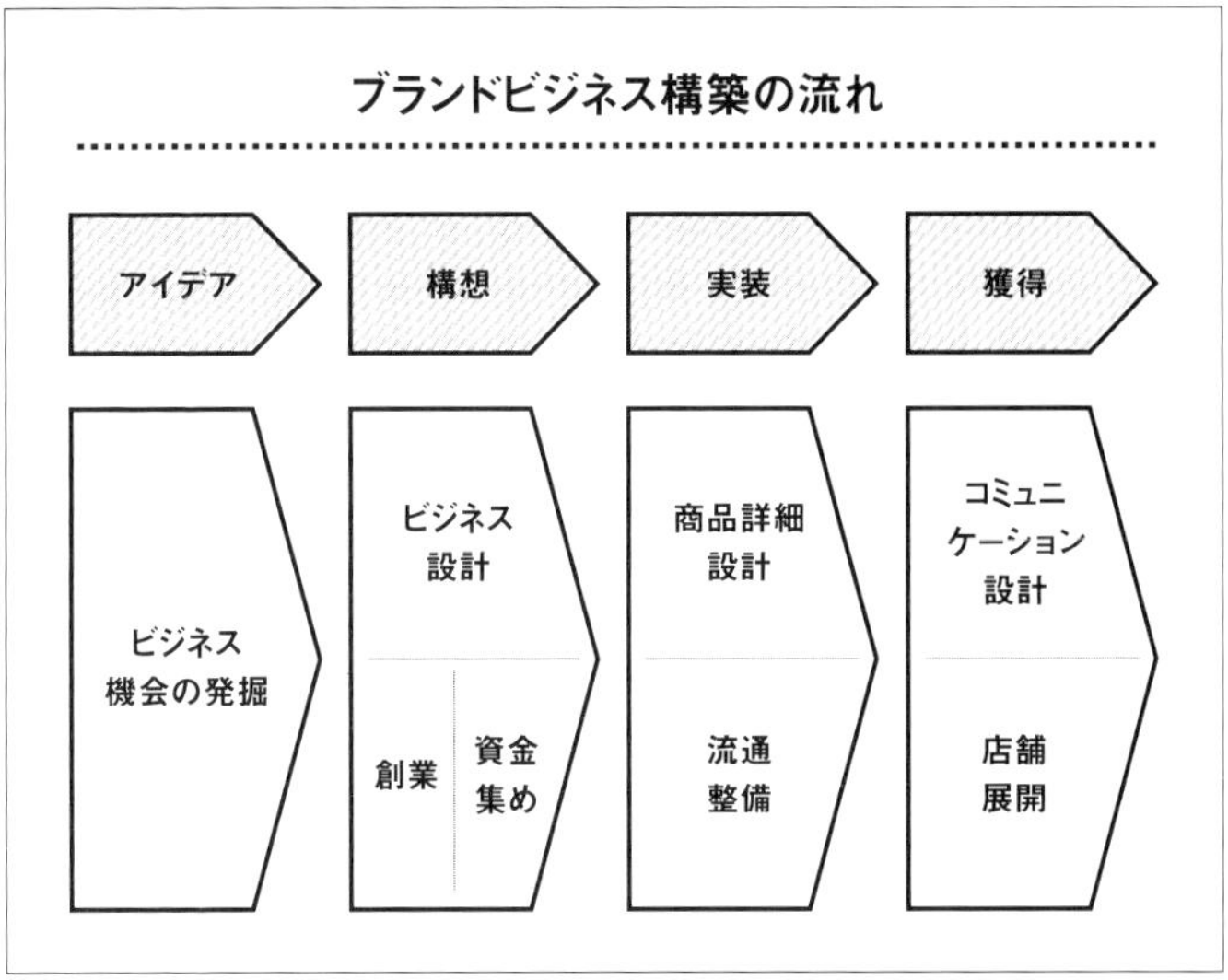

図　ブランドビジネス構築の流れ

すると、「何から決めればいいのか？」「どう決めればいいのか？」など、わからないことが多く、一向に進まない…という声をよく耳にします。ここでは、「コア」を決めるときのフラクタ流のポイントをいくつか紹介します。

ブランディングフォーマットを活用したブランド定義

フラクタでは、オリジナルの「ブランディングフォーマット」を活用し、ブランドの「コア」を定義しています。最初はこのシートに則って、考えていただくのがよいと思います。シートは「構想」と「実装」に分け、それぞれ整理していきます。

まずはブランドの基盤となる思想を定義します。具体的には、

・ビジョン：このブランドが実現したいことは何か？
・ミッション：ビジョンを成し遂げるために達成すべきことは何か？
・リーズン：ビジョンを掲げる理由は何か？

です。

その次に、ブランドが信頼関係を構築すべき市場と顧客を定義します。

・セグメンテーション：市場の人々をグルーピングする
・ターゲティング：どのような傾向のグループの人とコミュニケーションを取るかを定める
・ポジショニング：自社ブランドが市場においてポジションを築く領域を決める

併せて、ターゲットが抱いている価値観を探り、明文化することもポイントです。顧客の価値観とは、顧客がこのブランドを選ぶ理由に直結する「人生において大切にしていること」は何か？　を定義します。どんな価値観を持った顧客と信頼関係を築いていきたいかを明確にしておくことで、顧客像がより高解像度で見えてくると思います。どんな思想を持って、どんな顧客と信頼関係を築きたいかを定義すれば、そのブランドが顧客や社会にどんな価値を提供すべきかが見えてきます。

・機能的価値：所有・利用・体験により、どのような利便性があるか
・情緒的価値：所有・利用・体験により、どのようなポジティブな感情をもたらすか
・自己実現価値：所有・利用・体験により、顧客はどんな人物になれる（と想像する）か
・社会的価値：このブランドの存在は社会にとってどのような価値があるか

の4つの視点で提供価値を定義します。
それに加えて、

・独自性：市場または顧客にとってオンリーワンなポイント
・差別化要素：独自性とまではいかないが、競合ブランドと比べて優位なポイント
・愛着要素：顧客がこのブランドに愛着を感じるポイント

を決めておくといいでしょう。

ブランド名①

思想

Vision	実現したいこと
Mission	Visionを成し遂げるために達成すべきこと
Reason	Visionの理由（WHY）

市場・顧客（WHO）

セグメンテーション	ターゲティング	ポジショニング
市場の人々をグルーピング	どのような傾向のグループの人とコミュニケーションをとるか	市場においてポジションを築く領域

顧客の価値観

顧客がこのブランドを選ぶ理由に直結する、「人生において大切にしていること」

価値（WHAT）

機能的価値	所有/利用/体験により、どのような利便性があるか
情緒的価値	所有/利用/体験により、どのようなポジティブな感情をもたらすか
自己実現価値	所有/利用/体験により、顧客はどんな人物になれる（と想像する）か
社会的価値	このブランドの存在は、社会にとってどのような価値があるか
独自性	市場または顧客にとっての、オンリーワンなポイント
差別化要素	独自性とまではいかないが、競合ブランドと比べて優位なポイント
愛着要素	顧客がこのブランドに愛着を感じるポイント

図　FRACTA ブランディングフォーマット（構想）

2 「コア」に基づいたブランドコミュニケーションの実施

ブランドの「コア」を定義したら、その「コア」に基づいて、実装シートを使い具体的なコミュニケーションに落とし込んでいきます。これまでD to C企業の例で見てきたように、ブランドの思想が、商品やサービス自体に色濃く反映されていることが重要です。

シンボリック・エクスペリエンス

まずは、シグネチャープロダクト、ブランドを最も体現する商品とその所以(ゆえん)(どのような理由/経緯でシグネチャープロダクトに位置づけられているのか)を明確にしましょう。「このブランドといったらこの商品」と顧客に認識させる商品です。例えばブランド立ち上げ時から変わらずつくっているプロダクトなどが、シグネチャープロダクトにあたります。

同じように、「シンボリック・エクスペリエンス」、ブランドが顧客に提供する、ブランドらしくかつ記憶に残る体験を定義します。ブランドらしい体験を定義することは、その後のコミュニケーション施策を取捨選択する際に非常に有効です。例えば、ｉＰｈｏｎｅや、ｉＰａｄの箱を開ける瞬間を思い出してみてください。上下のピースがぴたっとフィットした美しい貼り箱を開けるすーっとした感触。新しい何かに出会う瞬間を感じさせ、気分が高揚しませんか？　アップルは、箱を開ける瞬間をある種の「儀式」と捉え、顧客の記憶に残る体験となるよう工夫を凝らしています。

そしてここで、言葉によるコミュニケーションとビジュアルによるコミュニケーションを決めていきます。

・タグライン／スローガン：ブランドの価値を短く言い表した、対外的な言葉
・ビジュアルイメージ：ブランドの世界観が表されているイメージ

などを定めます。ここで定義した要素をあらゆるコミュニケーションに反映していき

ます。一つひとつのコミュニケーションの積み重ねがブランドをつくるため、ここで定めた要素をぶれずに使用できるよう、マネジメントすることが大切です。

シグネチャーストーリー

近年重要とされているのが、「シグネチャーストーリー」です。シグネチャーストーリーとは、文字通り、ブランドを代表するストーリーです。ブランドの思想を顧客の心に残るストーリーという形で語るということです。DtoCブランドは、ストーリーを語ることに優れているといわれています。

例えば、メガネのDtoCブランドであるワービー・パーカーのブランド誕生のきっかけとなった、創業者エピソードをご存知の方は多いと思います。「創業メンバーのうちの一人が、学生時代にバックパッカーをしている際にメガネを壊してしまった。彼はメガネを修理しようとしたが、その修理代があまりに高額だったため断念し、彼は大学院の最初の一学期をメガネなしで過ごした。その経験から、アイウエア業界で消費者に選択肢を与えず、高価格を維持できる大企業が利益を支配していることに気づき、その代替

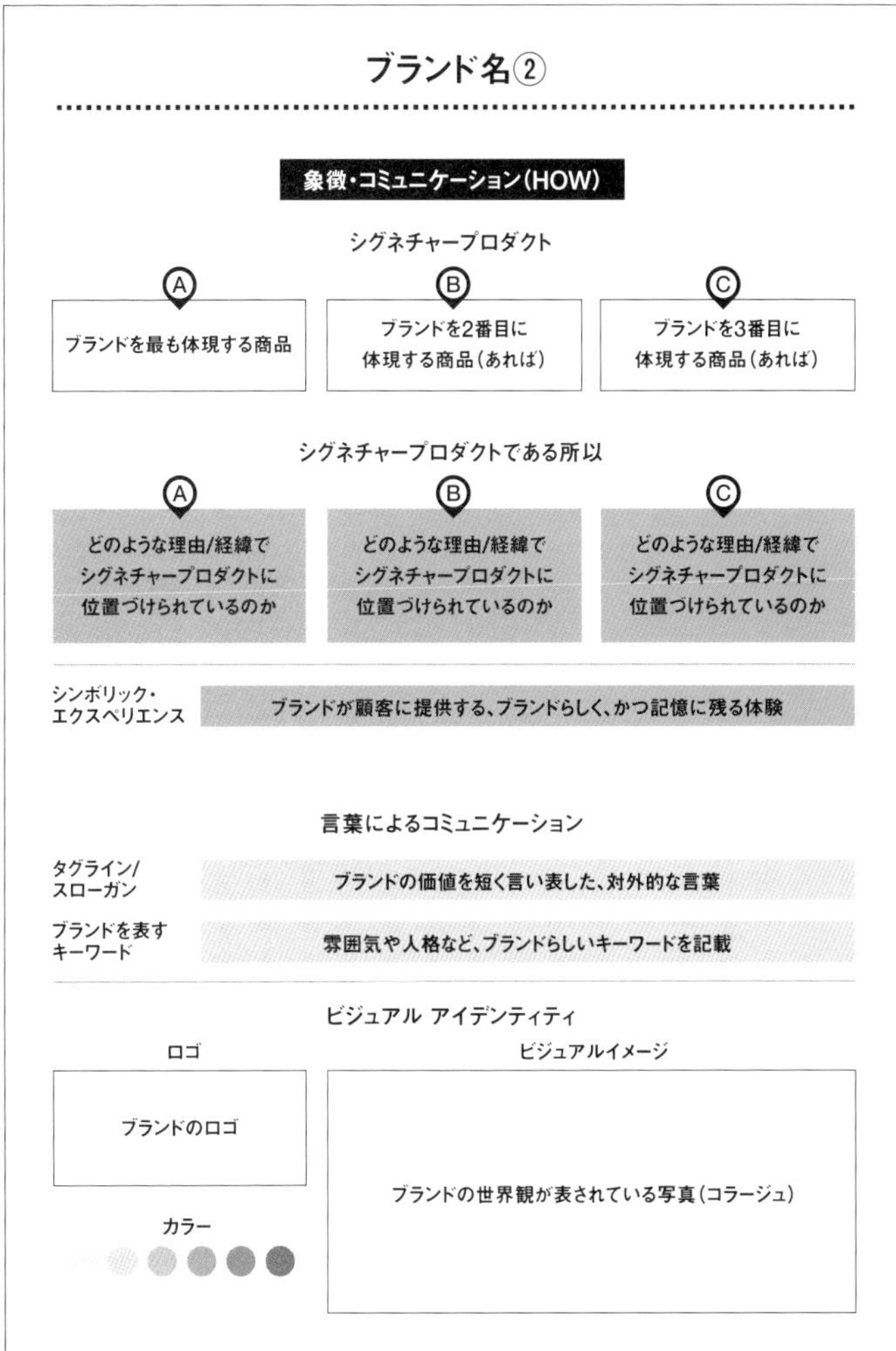

図　FRACTA ブランディングフォーマット(実装)

手段としてワービー・パーカーを創設した」――このように、メッセージを単体で伝えるよりも、メッセージを裏づける根拠とともに物語にしたほうが、顧客に響きやすいのです。

ここで重要なのは、ただブランドが一方的に伝えるのではなく、その先に顧客が別の誰かに自分の言葉で伝えたくなる、語りたくなるストーリーとすることです。その根底にあるのが「共感」です。シグネチャーストーリーは、物語自体と、物語が暗示する理想の世界（ビジョン）に対する共感を生むことで、より有効なコミュニケーションとなります。

ＳＮＳの役割

顧客とブランドとのコミュニケーションは、今やブランドからの発信だけではなくなってきています。デジタルテクノロジーの進化により、情報は一方通行の伝達から双方向になりました。消費者は情報の受け手でもあり、発信者でもあることが当たり前になっています。消費者は日々成長し、ブランド以外の第三者の意見を得やすくなり、情報を厳しく取捨選択するようになりました。単純に、フォロワーの多いインスタグラマーやインフルエンサーを起用すればいいということではありません。

そのような環境の中では、短期的な量の広がりではなく、真にブランドに共感する仲間（＝ファン）の存在を起点に、長期的に小さな輪を広げていくことが重要です。いくつかの大きな輪よりも、無数の小さな輪がブランドと顧客の信頼関係をつくっていくのです。

ブランドの人格を体現する意識

ブランドと顧客の接点は数え切れないほどありますが、そのどれもが同じ「ブランドの人格」を体現していなければなりません。例えばSNSやメルマガの一文、カスタマーサポートの対応など、それぞれは小さなピースだったとしても、その集積がブランドになることを忘れてはいけません。現場のスタッフ一人ひとりまでブランドのコアが浸透しているかどうかが鍵になるのです。

ブランドをコンパクトにつくる

市場や顧客の変化は、スタートアップに限らず、大企業にも影響をもたらすことは間違いありません。いかにたくさんの顧客にアプローチするかを重視し、販路（小売店の棚）を押さえることが勝敗を分けていた時代とは異なり、近年は「どこで買うか」ということの重要度はどんどん低下しています。顧客との接点は、売る場所から信頼関係を構築する・可視化する場所へと変化しているのです。

顧客との信頼関係を構築するためには、「いいものだから売れる」という単純な一方通行ではなく、企業・ブランドが顧客の真の姿と向き合うことが重要です。とはいえ、規模が大きければ大きいほど、既存のビジネスモデルや戦略を変えることへの摩擦は大きく、難しくなっていきます。急な方向転換は顧客の離脱につながることもあります。そんな状況ということもあり、昨今は新規事業単位での新しい取り組みとしてD to Cに挑戦する企業が増えています。まずはD to Cブランドをコンパクトにつくって、展開しながら、知見を貯めていくことが狙いだと考えられます。

また、価値観もどんどん多様化していく中、大きなブランドを目指すよりも小さなブランドを複数持つほうが、リスクが少なくすむという利点もあります。今後は、ニッチなブランドとして徹底的にファンを集め、高利益率かつダイレクトに顧客とつながることのできる、ある種のコミュニティに育てていくことが重要になるのではないでしょうか。

外部パートナーの存在

DtoCブランドは「構想力」だけでなく「実装力」に優れています。彼らはクリエイティブチームやエンジニア、データサイエンティストを社内に抱えていたりと、一見するとすべてを自分たちの手で行っているように思われがちですが、実際には違います。彼らも従来のブランドと同じように、ブランディングからクリエイティブ、PR、サプライチェーンマネジメントに至るまであらゆる分野で外部パートナーと連携しているのです。

従来のブランドと彼らの違いを挙げるとすれば、「どこを自分たちがやるべきでどこを外部パートナーに任せるべきか」を理解し、うまく使い分けているところでしょう。従来の日本のブランドの多くは、すべてを外部に任せる、いわば丸投げするのか、逆に自社で行うことに固執するかの両極端であることが多いように思います。一方でD to Cブランドは、絶対に自分たちがやるべきことに集中しつつ、外部パートナーをうまく巻き込むことで、より高度なレベルでの実装を成し遂げています。

例えば、米国の多くのD to Cブランドが、ジン・レーン（Gin Lane）やレッドアントラー（Red Antler）などのデジタルネイティブブランド専門のブランディングエージェンシーと協力してブランドを立ち上げています。彼らは早い段階（ブランド立ち上げ時期）から外部のパートナーを巻き込み、ブランドの根底となる考え方や思想を共有しながらブランドを形づくっていきます。ブランドの構想段階から実装に至るまで、ブランドをつくりあげていくのです。そうして初期段階から関係を継続することにより、ブランドの構想をスムーズに顧客体験に落とし込むことができるのです。

現時点における日本のブランドの多くは、ブランドの構想と実装で別々のパートナーに依頼し、それぞれの課題や施策に取り組むことが多いと思います。例えば前者はコンサルティング会社に、後者はデザイン会社やWeb制作会社、PR会社などといった具合です。これが、日本のブランディングがうまくいかない理由の大きな要因になっているのではないかと思います。ブランドの構想を担うコンサルティング会社は、アップルやディズニーなどの成功しているブランドに倣って、理想的で大きなビジョンを描きます。もちろん大きなビジョンを描くことは間違いではありません。しかし、そのビジョンがきちんと実装され、顧客に届かなければ意味がないのです。ビジョンだけが大きくなって、実際のビジネスとしてうまくいかない例はいくつもあります。ブランドの理論と、それを実装する力の両方を備えることが必要なのです。

ブランドを構築し、継続していくために大切なのは、「ブランドの構想を顧客体験に落とし込む＝実装すること」です。米国のＤtoＣブランドの多くが初期段階から実装までエージェンシーと伴走することを選択するのは、構想から実装までを一貫させるためと言えるでしょう。

軸があるから変化に対応できる

私たちは、過去に経験したことのないような新型ウイルスの感染拡大など、日々めまぐるしく変化する世の中において、いつ何が起こるかわからないということを改めて実感しています。誰も経験したことのないような苦しい状況の中でこそ、どんな発言・どんな行動をするかが顧客との信頼関係に大きく影響します。日本でもさまざまなブランドが、オンラインコンテンツの無料配信を行ったり、家での有意義な過ごし方を提案したりといったことに取り組んでいます。状況に合わせてすばやく「ブランドらしさ」のある対応ができるのは、ブランドとしての軸が定まっているからこそではないでしょうか。

また、信頼関係の継続・強化はもちろん、世界中を巻き込んだこの一連の出来事を受けて、市場自体が大きく変化することは間違いないと思います。その変化に対しても、俯瞰でビジネスを捉えられるバランス感覚を持ち、柔軟に対応することが、今後ますます求められることになるでしょう。

第3章

OMOには、DtoC的ブランディングの「実装」が鍵となる

実際にブランドとしてこれからの施策をつくっていく際に、OMO（Online Merges with Offline）という考え方は非常に大切になっていきます。この章では、ブランドとOMOについて、さらにそれを扱えるデジタルネイティブな人材についてお伝えします。

1 売上だけでなく、顧客との関係を深める施策をとる

購買は常に発生し得る

スマートフォンが普及し、通信環境も充実した昨今では、ふと、気になったモノやサービスを見つけたときに、その場でスマホを使って購入した経験がある方は少なくないと思います。

グーグルのコンシューマーマーケットインサイトチームは、「スマホを操作している時間はいつでも瞬間的に買いたい気持ちになり、買いたい商品を発見し、その瞬間に購入を完了させる」という購買行動を「パルス消費」と名づけました。

スマホを操作する時間の多くは情報を探すのに使われますが、同チームによると、情

報探索行動は一本道ではないとしています。情報の探索は、知識を蓄積したい場合に行う「さぐる」検索と、疑問解決や購入のために情報収集などを行う「かためる」検索に分けられます。「さぐる」を行った上で「かためる」検索をして、購入に至ることもありますが、実際の購買行動では、ＳＮＳを見ていたかと思えば、突然商品を購入し始めたり、行動にランダム性があることがわかりました。その過程で、瞬間的に購入が発生するのです。

この場合、いつ購買が起きるか、紋切り型で見定めることができません。そこで、いつでも、どこでも買えるようにする、というのが解決策のひとつとして挙げられます。２０１３年ごろから、「オムニチャネル」という考え方が注目を浴びました。さまざまな点を購入接点とし、統合的に顧客を管理する手法です。

さらにここ数年で、ＯＭＯという考え方も耳にする機会が増えています。オンラインがオフラインと同化する（Online Merges with Offline）という意味で、生活環境のほとんどがインターネットでつながり、オンライン化するという事態を指します。

購買行動ひとつとっても、リビングがネットにつながれば、スマートスピーカーに向けて「●●を注文して」と声に出すだけでネットショッピングができたり、貨幣がオンライン化してキャッシュレスで決済できたり、ということが、日常的な場面になりつつあります。

店舗がネットに接続されていると、入店者の顔を画像認識技術でデータに変換、照合して誰かを特定し、手に取った商品が何か、いくらかを識別して、そのまま入店者のクレジットカードで決済、退店して買い物は終わり、ということが可能です。うっかり、買ったことを忘れて同じものを買おうとしたら、スマートウオッチで知らせてくれる、ということもあるかもしれません。

あらゆる店舗、もしくはＥＣサイト、ポップアップストア、どんなチャネルで買っても、包括した仕組みで購買行動を把握できれば、より一貫した購買体験と、それによる中長期的な顧客との関係の維持が可能です。

これまでのＷｅｂマーケティングは「データ」が取得できるという大きな利点で注目を集めました。結果、効率的な広告配信が可能になり、購入などの目的行動にどれだけ至ったかのコンバージョン数を検証し、それを増やす施策が主流でした。しかし、コンバージョンを重視しすぎるあまり、顧客体験を損なってしまうことも珍しくはありませんでした。

ここで、ショーフィールズ（Showfields）というＤtoＣブランドが集まる米国のテナントをご紹介したいと思います。

ショーフィールズはブランド体験の場として、ブースごとに異なるブランドが出店している店舗です。マジック・ワンド（Magic Wand）というスマホアプリを使うと、各ブースの入り口でブランドを紹介する動画が見られます。最上階まで行くと、それで終わりかと思いきや、スタッフが隠し扉になっているパイプ型のすべり台へと案内してくれます。あらかじめメールアドレスを登録するとすべり台を降りることができます。現地に足を運んだときは、降りた先はエナジードリンクの試飲ブースとなっていました。そのあとも、試飲や商品体験が続いていきます。

ショーフィールズは、店員が販売のためにいるのではなく、ストーリーテラーとしてユーザーとのコミュニケーションを重視しています。顧客も口コミをリアルで聞いているようなコミュニティ感を抱ける点が、支持を得ています。販売だけが目的の店舗ではありませんが、もちろん、「パルス消費」的に、その場でスマートフォンで購入されることは大いにあり得ます。

ショーフィールズは、店舗全体がひとつのＤtoＣブランドでこそないものの、店内の各所がブランドを感じられる仕掛けになっています。OMOのように表現するならば、ブランドがオフラインと同化した(Brand Merges with Offline)とも言えるかもしれません。重要なのは、すべてがオンラインである状態と、すべてがブランドを感じさせる状態というのは相反しないということです。現行のDtoCブランドを見ていると、究極的にはこの2つの両立を目指しているのではないかと思われます。

ブランディング、エンゲージメント、顧客生涯価値

前章で述べたとおり、DtoCブランドは顧客生涯価値をベースにした収益モデルです。そして、顧客生涯価値は、購入額や購入頻度・期間などを基に算出するので、ともすれば、購入以外の顧客の関与を見逃してしまう危険もあるでしょう。そのため、購入頻度にかかわらず、その他のエンゲージメントをもきちんと見極める必要があります。

エンゲージメントの高い層は、ブランドに対して、継続的に利用してくれる「時間」という軸と、1商品だけでなくブランドラインで揃えたいなどの「量」という軸、さらに自身が発信することで周囲に影響を与える「影響力」という軸を考えたときに、ブラ

ンドに対する貢献度が大きな層のことを指します。

例えば新しい顧客を紹介してくれる、周囲に発信してくれる、使用方法を教えてくれるなど、商品やサービスに関与する様態は多岐にわたります。顧客が企業にもたらす価値は売上以外にもあります。エンゲージメントが高いと顧客生涯価値も高い傾向にありますが、顧客生涯価値が高いからといってエンゲージメントも高いか、というと必ずしもそうでないケースがあります。

エンゲージメントが高い顧客は、「このブランドなら値段が高いのは承知の上で買いたい。多少高くても買いたい」といった、価格以外の価値でも選んでもらえることが多くなります。そして、エンゲージメントを高める行為こそ、ブランド構築にほかなりません。

Webマーケティングで重視されるコンバージョンや獲得あたりのコスト（CPA）、ROAS（Return On Advertising Spend）などの向上や効率化も大切ですが、エンゲージメントを高め、顧客生涯価値を向上させていくならば、中長期的な顧客接点を構築していくブランディングも極めて重要だといえるでしょう。

DtoCブランドで言えば、立ち上げ時からオムニチャネルを前提として、オンラインを主戦場としながら、ポップアップストアなどのリアルでの接点で顧客とコミュニケーションを図り、オンライン・オフライン共に接点を持てるように設計することが多くあります。そして、顧客のニーズや要望をくみ取りブランド戦略に活かしていく共創（Co-creation）と、そこで得られた情報を活用していくデータ・ドリブンマーケティングで売上を伸ばしています。

例えば、ブランド構築の一環として、企業として大切にしたいことをSNSやブログを活用して発信し、その発信に対してのコメントや「いいね！」などの反応（エンゲージメント）を参考にしています。そして、実際に多くのコメントに対して丁寧に返信をしている様子がSNS上でうかがえます。また、オンラインでの対話を推進するため「データサイエンティスト」が多く在籍しています。顧客の反応などを分析し、コミュニケーションや要望をくみ取るための組織体制になっていると推測されます。

DtoCが利用しているデジタル施策は、ブランドによっては独自性の高いシステムもありますが、SNSやWebアンケートサービスなどの一般的に普及しているツールやサービスを活用することも少なくありません。これらのツールをうまく活用することで、顧客の声を容易かつダイレクトに拾えるようになりました。オンラインの利用が拡大している世の中では、顧客との対話を重ね、商品開発に活かすための適切なデータ収集と、それらをうまく活用できる組織体制がより重要視されます。

DtoCブランドの大きな特徴は、メディア企業の側面、テクノロジー企業の側面を兼ね備えている点です。インターネットの発展に伴い、マスメディアだけが顧客との接点ではなくなり、SNSやブログを通じた情報発信に加え、オンラインでの商品発送もできるようになりました。そして、ブランド自身で顧客とのコミュニケーションをより円滑に行うために、SNS担当やメディア担当を配置し、ブランド理解を促すためのクリエイティブやストーリーテラーを担当する人材を雇用しています。

2 オンライン・オフライン双方のコミュニケーションを理解する人材の必要性

どんなタッチポイントでもコミュニケーションをとる

顧客とコミュニケーションを図る上で、これからの時代に重要になってくるのは、オンライン・オフラインどちらのタッチポイントにおいても、統一されたブランド体験を実装でき、課題に対して適切なコミュニケーション設計を行えるチームの力です。そこでは、必要なリソースを必要なだけ使いながら適正な形で実行に移し、最大効率で結果を得られる能力が求められます。鍵を握るのは、デジタルネイティブ世代です。

この世代は生まれたときからＩＴに慣れ親しみ、生活の中にＩＴがあることが当たり前という感覚を持っています。ネット経由でのコミュニケーション、情報収集に抵抗がなく、使いこなすことができるのです。

これからのブランドのコミュニケーションでは、こういったデジタルネイティブ世代にも対応するため、「デジタル」な手法と従来の「アナログ」な手法を適切に選択し、実行していく必要があります。単に流行しているからなどの理由で手段に固執するのではなく、得たい結果に対し何が有効な手段かを考える必要があるということです。

そのためには、チームメンバーがデジタルネイティブであることはもちろん、デジタルとアナログ両方のコミュニケーションについて理解しておく必要があります。他ブランドの成功事例や流行を追うあまり、手段に固執するのはよくみられるケースです。ブランドにとってその手段が本当に最適か、目指したいブランドを実現するために効果的なのか、ほかによい届け方があるのではないか？　――ブランドを基軸に据えた上で、冷静に柔軟に考え、見極めることで、最大効率の効果を得ることができます。また、手法単体の効果に加え、あらゆるコミュニケーション施策がどのような影響を及ぼし合うのかまで検討できれば、ブランドコミュニケーションはより強固なものとなります。

これからのブランドコミュニケーションの実装は、インフラとなりつつあるデジタルにベースを置き、デジタル・アナログ双方の手法を組み合わせ、総合的に効果が得られる「仮説を立て、考え、選択できる」能力が必須です。私たちは、このような能力を持つ人が、真のデジタルネイティブだと考えます。

ブランドの定義が共通の判断軸となる

プロジェクトには多くのメンバーがアサインされ、チームとしてプロジェクトが進行します。異なる職種、キャリアを持った人たちがさまざまな視点から意見を述べ、議論を重ねながらプロジェクトのゴールを目指します。

例えばエンジニアリングの側面から適切なシステムが提案されたり、グラフィックデザインの視点からは制作期間も踏まえた上で最適なクリエイティブが考案されます。いずれもある一定の視点からは正しい判断や意見だと言えたとしても、ブランド戦略において本当に優先されるべきなのは、その行いがブランドとして適切か、そして、効果的かどうかです。

ブランドが今どのようなステージにあり、ブランドがどういったことを大切にし、何を伝えなければならないかなどをメンバーが理解していれば、それぞれの領域のプロとして、よりよいアイデアを生むことができます。ここにおけるよりよいアイデアとは、過剰すぎず、また不足しすぎていないような、その時々にフィットする〝最適な策〟を指します。時には妥協しなければならないことが発生するかもしれませんが、その際も「結果として何を得たいか」「時間や費用をかけてまでこだわるべきことかどうか」を軸に考えるようにしましょう。

「プロとして完璧なものを世に出すべき」と、リソースを投じてクオリティにこだわり抜く想いは、すばらしいものです。その努力はきっと、ブランドに大きな魅力をもたらしてくれると思いますが、本当に注力すべきポイントは、ブランド戦略と、そのブランドの優先事項を見極めた上で考える必要があります。なぜなら適正なリソース、適正な投資額で成果をあげることも、ブランドが走り続け、改善し続けていく上では重要なポイントになるからです。

DtoCの根本の概念である、「ユーザーとの積極的なコミュニケーションからブランドをつくり上げていくこと」を念頭においても、こだわり抜き、仕上げたいと思っているポイントが真にこだわるべきことなのか？　また、必要だと考えて採用した案が逆にブランドのイメージを阻害していないか？　そして、懸念しているポイントは次のステージでとりかかるべきことではないか？　など、常にブランドの未来を意識し続け、実行に移していくことでブランド戦略は前進し続けることができます。

また、異なる立場のメンバー間においても、自らの立場からではなく、ブランドにとってどうなのか？　という面での意識統一がなされるため、ズレた意見が出たとしても補正する意見が派生し、議論がソリッドになるのです。そういった意味でも、ブランディングはチーム力の向上に重要な役割を果たすといえます。

外部パートナーとのつき合い方

私たちフラクタが、外部パートナーとして依頼を受ける場合のことをお話しします。

フラクタがお問い合わせを受けるのは、前述のとおり「何をしたらいいかわからない状態」であるケースが多いのですが、ブランディングやマーケティングに興味がある、もしくは意識しはじめているが完全には理解できていない、広告会社頼みになっていたなど、状況はさまざまです。その状態から、ブランドの現状や今後の展望などについてヒアリングを行いながら、ブランドがこれから何をすべきかを整理していきます。ブランドの現状について改めて定義する機会を設けることもあれば、新しい企画を実施していく場合もあります。「ブランドにとって何が必要か」を基軸にブランディング・プロジェクトを設計し、必要に応じて、それらの実施までお手伝いさせていただきます。ワークショップ形式だったり、広告会社・制作会社へ発注する手前までの要件定義やレギュレーション、企画の立案、すでにつき合いのある、ブランド・ビジネスへの理解があるパートナー企業とのパイプをつなぐなど、かかわり方はブランドによって多種多様です。

これらの基盤には、「ブランドが今必要としていて、フラクタで力になるべきこと」に範囲を絞って、お手伝いさせていただくというメソッドがあります。先ほども「丸投げをするのではなく」と述べましたが、フラクタが企業ごとにかかわり方を変えてプランニングを行う背景には、必ずしもすべてを内製化する必要はないにしろ、ブランドはブランド自身によって運営されてこそ真価を発揮できるという考えがあるからです。

ブランド自身が自らの価値を自覚し、理解できてこそ、本質的な願いや思いを表現することができます。「成長曲線はファンとともに描ける」というのが、フラクタの信念です。フラクタとかかわるブランドにもそうあってほしいという願いから、真に必要なポイントに注力させていただいているのです。

外部パートナーを探す際のポイントを述べたいと思います。まず前提として、ブランドやビジネスを理解していることが挙げられます。プロジェクトの判断軸を決める上でブランディングの概念がどれだけ大切か、外部パートナーが理解していないケースは多々あります。それは一見小さなズレのように思いますが、ブランディングの概念を理解していないと、ブランドのことを理解してもらえないまま仕事を続けることにもなりかねません。ブランディングという観点からブランドのことを理解してもらった上で、客観的な意見を求めることが、重要な要素です。

その際は、ブランド戦略の実行にあたっての相談はもちろんのこと、戦略を実施するためのサービス実装まで依頼できるパートナーを選定することが鍵となります。戦略を立てることと、戦略を実行することとは、異なる素養です。通常だとその溝でタイムラグが発生しがちですが、サービスの実装まで考慮した提案・相談をしてくれるパートナーであれば、タイムラグを短縮できます。戦略立案から実施までがスピーディーであるほど、ブランドの成長も早くなる。せっかくの計画が机上の空論になるリスクを減らすことができるのです。

実際に「何をしたらいいのかわからない状態」から助け出してくれるような企業も存在します。彼らがどこまでをカバーしてくれるか、どんな特性を持っているかは企業によるため、選定の際には自社がリソース面・ステージ面でどのような状況かを説明した上で、何をしてくれるのかを綿密にヒアリングし、自社にマッチするかを見極めていくことが必要です。何をしたらいいかわからない状態でも、決してすべて丸投げをすることなく、自社でやるべきポイント・外部パートナーに頼りたいポイントを再認識し、コミュニケーションを取るようにしましょう。依頼にあたって、どこまでを外部に投げるかなどは改めて整理し、見極めていくことも、チームづくりの一環です。

ブランド戦略をサービスとして実装していくにあたり、投資はできるけれどもリソース不足のためにすべてを内製化するのが難しい場合、外部パートナーを活用する方法をおすすめします。

ブランドを理解し、能動的に動いてくれるメンバーはブランドにとっての財産だといえますが、適任者がいない場合、採用・育成含め、多大なコストがかかります。ブランドのステージによっては、積極的に外部パートナーを頼るほうが、タイムリーにブランド戦略を実施していく上では有効な手段といえます。

育成や採用コストの面以外でも「客観性」という面において、外部パートナーの活用はブランド戦略の実行に効果的な影響をもたらします。

ブランドを運用する側のメンバーは、ブランドのさまざまな内情を把握しているため、必然的にそれらを考慮した判断をしてしまいがちです。ブランドの仕組みを変革しようとか、新しい試みを行おうとした場合、内部スタッフの長所でもある「バランスを取ろうとする感覚」は足かせになってしまう恐れがあります。

ブランドにとって新しいチャレンジがしたい、大きな変化をもたらしたい場合は、リソースが十分に足りている場合でも、「客観的な意見や斬新な提案」を取り込むために、意図的に外部パートナーをチームに招き入れたい旨をきちんと内部メンバーに説明すれば、反発もなく効果的に議論できると思います。

ブランドがどのステージにあるのかによって、適切な人材も変わってきます。例えば、ブランドが立ち上げ時期にあるのか、成長時期にあるのか、維持をする時期にあるのか、です。人材のアサインが適材適所でない場合、思ったような効果はあげられません。人材の特性をよく見極め、最適な配置を検討する必要があります。

第４章

変わる消費行動の中でブランドが生き残るために

コロナの影響で、2020の世界はどうなっているのか。この章では、変わってしまった常識と、これからの世界について、その中でDtoCブランドはどうあるべきなのかを突き詰めるべく、マーケターとしてブランドと強いつながりを持ち、自身もブランド運営に携わる業界の先駆者たちに、インタビューを行いました。

1 100日で変化した世界

大規模な経済損失をもたらした、謎の新型ウイルス

この章では、全世界が体験した「新型コロナウイルス禍」の影響と、その後の社会変容が及ぼしたD to Cブランディングへの影響、そしてブランドが生き残る上で必然的に求められることについて考えていきたいと思います。もちろん、事態がまだ収束していない段階(編注:2020年8月時点)でこの問題を総括する時機にない点は承知の上ですが、現時点で私たちに降りかかっている事象を大まかに整理したいと思います。

2019年末の段階では、世界はまだ中国の一都市で何が起きているのか、それが世界にどのような影響を及ぼすのか知る由もありませんでした。入ってきたわずかな情報

では、野生動物も置かれる湖北省武漢市の海鮮市場で、新種のウイルスらしきものによる感染が発生している、といったニュースが流れたのみでした。

武漢を震源地としてわずか１００日の間に、日本や欧米、イランなどで起きたことを列挙するとキリがありませんが、３カ月余りの間に、文字どおり世界は一変しました。

本書執筆時点ではワクチンも有効な抗ウイルス薬なども存在せず、正体の見えない新型ウイルス。その感染力の強さから、メディアは「クラスター（小規模集団感染）」や「オーバーシュート（感染爆発）」、「ロックダウン（都市封鎖）」などの耳慣れない言葉を連日発信。ＳＮＳでは患者の対応に追われる医療現場や、ゴーストタウンと化した大都市の様子が拡散され、人々の不安と恐怖を増大させました。

強制力を伴う外出禁止令を発動した諸外国とは一線を画す格好で、日本の対応は度重なる外出自粛や、３密に該当する店舗等の休業要請に留まりました。しかし、サプライチェーン停止による製造の停滞や、日常的な消費行動の激減に伴う小売業・サービス業への壊滅的な影響はリーマンショックをはるかに超え、世界恐慌にも匹敵するといわれるほどの大規模な経済損失をもたらしました。

感染抑止を最優先とする「非接触型社会」の出現

こういった世界的な「巣ごもり現象」はこれまで類を見なかった事象であり、人類史上初の共通体験といえるものでしょう。日本においても学校が一斉休校となり、多くの企業が積極的にリモートワークやテレワークを実施し、飲食店すらも営業時間の大幅短縮や臨時休業を迫られる中、大多数の個人や家庭などが感染抑止を最優先に社会から隔絶され、「巣ごもり」を余儀なくされました。生命維持に不可欠な日用生活品の買い出しや通院などを除く外出の自粛が社会貢献であり、家族や自分たちを守る術である、ということが、繰り返し発信されました。

またやむを得ない理由で外出する際も、接触および飛沫感染を防止するために「ソーシャルディスタンス」と呼ばれる半径2メートルほどの距離を保つことが奨励され、まさしく「非接触型」ともいうべき生活形態が出現しました。日常的なコミュニケーションの一環としてのハグやキスが当たり前だったイタリアや欧米においても、こうした非接触型の社会生活が突如として展開され、スーパーマーケットのレジ前でもほぼ等間隔の距離を保ち、整然と行列に並ぶ市民の姿がメディアに流れました。

ただ最も驚くべき点は、その浸透や波及のスピードだったといえるかもしれません。初めは通常の営業形態を取っていた日本のスーパーマーケット各店でも、あっという間に「ソーシャルディスタンス」を保つための〝バミテープ〟が足元に貼られたり、レジでは透明パネルやビニールシートといった簡易的な仕切りが設置されるなど、売り場での直接接触を避けるさまざまな工夫が導入されました。

ライフラインとしてのネットの必要性とD to C

このような「非接触型社会」の出現を通じて、人と人がふれあう機会や、会話を楽しみ、同じ時間と空間を共有する喜びが奪われ、それに伴うビジネスやサービスが著しく制限を受け、排除・自制されるようになっていきました。飲み会や飲食を伴うパーティー、お茶を飲みながらの何気ない会話、スポーツ観戦やコンサート・ライブ鑑賞、映画館での映画鑑賞、美術館などでの芸術鑑賞、スポーツクラブやアスレチックジムでの運動、ライブハウスやクラブ・イベント、各種講演会、商談を伴う各種展示会など、人が集まる行為がすべて奪われてしまうこととなりました。

このような状況の中で「ライフラインとしてのインターネット」が注目・再認識されるのは、ある意味必然といえるでしょう。非接触型社会におけるインターネットの価値や存在意義は、Before 2020とは比べ物にならないほど重要なものとなりました。現場の医師や看護師による緊急発信レベルのメッセージから、一斉休校に伴う教育支援のための各種プログラム、知人との近況報告や安否確認のやりとり、水や生活必需品といった購入・調達など、あらゆる状況下でのコミュニケーションや需要に対応できるインターネットの必要性は、かつてないほどの高まりを見せています。

これに呼応するように、実店舗での販売を軸としてきた小売業も、もはや販路としてのネット展開を無視できない状況となってきました。消費者に商品を直接販売するD to Cは、本来デジタルネイティブなブランドが自社サイトや独自のチャネルを使い、ミレニアル世代をターゲットに展開するビジネスモデルですが、こうした社会情勢を受け、ブランドの〝生き残りの手段〟として、新たな角度からも注目を集めることとなりました。

隔絶された個と世界を結ぶ、ストーリーへの「共感」

「巣ごもり」を余儀なくされた個々人にとってネットは主要なコミュニケーションツールであり、世界とリアルタイムにつながりを実感できる唯一無二の手段といえます。「巣ごもり」の常態化を背景として、第3章でふれた「パルス消費」等の実行頻度も、飛躍的に上昇してきていることは間違いありません。

一方、伝統的なブランドが広告戦略の軸足を置いているテレビなどのマスメディアは、コロナ関連の深刻で悲惨な現状をこぞって伝え、自粛要請に関するメッセージを流し続けることで、ネガティブな印象や停滞感を視聴者に与えてしまう存在となりました。そのため、社会から隔絶された個がネットを通じて世界と向き合う中で、ポジティブな情報を探し、これに強い共感を抱くことは、ある意味健全な感覚であるようにも思われます。

その点においても、プロダクト以上に世界観に価値を置くD to Cは重要な意味を持ちます。D to Cでは、プロダクトの機能的な優位性やコストパフォーマンスを訴求するのではなく、ブランドが提唱する「世界観」を徹底してつくり込むことで、消費者のコミュニティ化にアプローチします。すなわちそこでの競争軸は「プロダクトの質」ではなく、世界観を構築する「ストーリーの質」となります。

「ストーリーの質」は、インターネット社会の実現の中で急速な変化を遂げました。かつて商品を購入する際に参照する情報は、企業サイドから発信される機能説明や製品の特長、ベネフィットが主流でした。インターネットの普及につれて、そうした一方的な企業発信の情報から、消費者によるレビューなどに比重が移行してきました。さらに、そこで語られる内容も機能訴求から使用体験へ、時間設定も購入前から購入後へと変わっていきました。

つまり、プロダクトのどこが優れているか、どう便利なのかを語る「セールストーク」から、実際に使ったユーザーの使用感や体験談といった「ストーリー」によって共感を呼び起こす語り口が、競争力の源となってきたことがわかります。これこそが「ストーリーの質」の変化です。

ここで、隔絶された個々人に話を戻しましょう。隔絶を余儀なくされた個は、世界とのつながりや連帯感に飢えている状態といえます。そのため、先述した「ストーリーの質」の変化は、インターネットを主要なコミュニケーションツールとしている現状を通じて、さらに加速していくことが考えられます。そしてその「ストーリー」は、より深く、さらに丁寧につくり込まれる必要が生じてきます。

2020を経て「失われたもの」と「得られたもの」

After 2020における一般的な消費行動は、どのように変わっていくと考えられるでしょうか。ここでは話をコンパクトにするために、2020を経て「失われたもの」と「得られたもの」を考えてみたいと思います。

まず「失われたもの」として否定できないのが、多くのかけがえのない人命です。私たちは感染が広がる中、増加していく死者数を当たり前のように目にしましたが、そこにはその死を悲しむご家族や知人・友人が無数にいることはもちろん、故人の思い出や失われてしまった未来、喪失感が確かに存在することを忘れてはいけません。

次に失われたものとして挙げられるのが「自由」です。外出、集会、教育などの自由をはじめ、好きな時に好きなことを行う自由が、大幅に制限されることとなりました。

さらに失われたのが「ふれあい」でした。ソーシャルディスタンスの提唱や外出自粛によって、家族以外の人とふれあう機会は排除されていきました。そして、これらの失われたものを代替的に穴埋めしたのが、先ほども述べたインターネット空間によるつながりでした。

では、２０２０を機に「得られたもの」とは何でしょうか。物理的なところでは、まず「時間」です。家族と暮らす人なら家族で過ごす時間、一人暮らしなら自宅で過ごす時間が増えたことは間違いありません。経済活動がシュリンクし「巣ごもり」が奨励される中、今まで経験したことのない時間が人々に与えられました。このことが個人の生活意識に一様な変化をもたらしたとはいえませんが、大なり小なり今までの生き方や価値観、ライフスタイルを見つめ直し、今後の生活や人生を考える機会が与えられたという人は、決して少なくないでしょう。仮に気晴らしや余暇の過ごし方などに話を限定したとしても、ネットからのさまざまな情報入手が「巣ごもり」に大きく貢献したことは、疑いようのない事実です。

もうひとつは世界的な「共通体験」です。世界中の老若男女が同じ息苦しさを感じ、恐怖や不安に駆られ、大切な人の安否を思い、「巣ごもり」の日々を経験したことは、これからの世界に見過ごせない影響を与えたといっていいでしょう。そしていうまでもなく、こうした連帯感や共通体験をリアルタイムで感じさせる、重要な役割を担ったのはやはりインターネットでした。

こうして「失われたもの」と「得られたもの」を並べてみると、それが実は表裏一体をなしているものであり、大きなベクトルに沿ったものであることが見えてきます。かけがえのない生命や自由が不意に奪われたことの理不尽さに思いをはせ、生き方や働き方を内省する時間が与えられたことで、今ある世界を捉え直すことは、心理的に見てもごく自然な流れなのではないでしょうか。これと同時にいえるのは、この衝撃的な経験は一定の時を経て、必ず揺り戻しや反動を伴うものであるということです。その意味で、個人の消費行動の面でも大きな価値転換が訪れることは必然といえます。

２０２０を経て、人は何をどんなやり方で手に入れたいと思うようになっていくのか。分化された流通経路による間接的な販売ではなく、ライフスタイルを包み込む世界観を提供し、ダイレクトなコミュニケーションを展開するＤ toＣは、こうした価値転換にジャストフィットする手法だといえます。After 2020のＤ toＣは、ターゲットであるミレニアル世代の枠を超え、より一般的な層へと急速に拡大していくことは間違いないでしょう。

伝え方の力点は「ストーリー」から「ナラティブ」へ

前項では、ストーリーによる共感形成が消費行動の要因となりつつあると伝えましたが、ここでは少し視点を変え、ＤtoＣブランドの実装を考える上でのキーワードとなる「ナラティブ」について考えてみます。

ナラティブはもともと文芸理論の用語として用いられ、広い意味では「物語」を指します。ただ、一般的に物語を意味する「ストーリー」とは異なり、物語の内容や伝え方、語り口の相互関係や構造に注目した用語で、主に筋書きなどの内容よりも「語り手の位置」や「語りが生み出す時間」などの構造に着目するものです。これがマーケティング用語としても徐々に使われるきっかけとなったのは、フランスの構造主義の代表的な思想家であるロラン・バルトがその著書『神話作用（１９５７）』の中などで、消費社会に潜む多種多様なナラティブ（神話）のあり方を分析してみせたあたりからでした。こうした流れを受け、１９７０年代以降、文化やカルチャー自体を「意識されないナラティブの集合体」として捉え、それが機能するさまを解き明かしていこうとする思想的なトレンドが広がっていきました。そこで展開されたのが、人はナラティブを受け入れ、ナラティブを語ることで自己と社会を「分節化」し、「構造化」していくという考え方でした。

これをブランディングに落とし込んでみると、人々はブランドが語る物語（ナラティブ）を受け入れ、そのブランド神話（ナラティブ）を語り、共感・支持することで自己を差別化（分節化）し、ブランドが提示する世界観の住人となってコミュニティを形成（構造化）していく、という流れに置き換えられます。

つまり、ブランディングにおける物語を伝える上で本当に重要なのは、筋書きや内容（ストーリー要素）よりも、その語り手が置かれた社会的な位置や、伝え方・語り口に対する配慮、語りが生み出す時間を追体験できる構造などである、という考え方全体がナラティブなのです。

例えば、マスメディアを用いたＣＭなどで、いわゆる国民的アイドルや大物俳優がプロダクトの優位性を訴えるような既存ブランドのコミュニケーションとは異なり、「誰がどのように語りかけるか」「どのような語りの時間を提供できるか」「それがブランドの世界観にどのような関係性を持たせられるか」といった構造的な配慮やディテールのつくり込みが、ブランディングを考える上で今後ますます重要になるものと考えられます。そしてそれは、デジタルネイティブのＤtoＣブランドのみならず、デジタルアプローチを模索する既存ブランドにも欠かせない視点となっていくでしょう。

消費者が「ブランド体験」に求めるもの

ブランディングにおけるナラティブの重要性を理解したところで、今度はAfter 2020における消費者のブランド体験と、消費者が求めるブランドの価値についても考えてみましょう。

消費者が企業やブランドに求める価値として近年高まっているのが、「サステナビリティ」や「ＳＤＧｓ」などの考え方です。これらは、ブランドや企業が目指す世界観を提示し、その理念を実現するための積極的な活動と位置づけられます。こうした概念は、After 2020の世界ではより重視されるものと考えて間違いありません。ブランドが自らの企業文化や企業思想を語り、それによってどのような社会貢献を目指しているかを、消費者はより深く追求するようになるでしょう。取ってつけたようなサステナビリティや、つけ焼き刃的な社会貢献は容易に見透かされ、ブランドイメージやブランドの価値を落とすことにも直結します。

消費者にとってのブランド体験とは、とても重層的かつ総合的なものです。ある消費者からすれば、それはコールセンターのひとりのオペレーターとのやりとりから受けた印象かもしれませんし、たまたま雑誌で目にしたCEOのインタビュー記事から受ける共感や感銘かもしれません。またそれがＤtoＣブランドの場合なら、Ｗｅｂサイト全体から受けるアーティスティックな印象や感動、ブランドと世界の関係性をスマートに語るナラティブへの共感かもしれないのです。

このように、あらゆる局面において「体験の質」や「ストーリーの質」を上げることが、After 2020のブランディングにおいて求められる成功要因であると考えられます。要約すると、ブランドサイトを訪れた際の第一印象から、オンラインでオーダーを確定するところまでのスムーズな流れ、実際に商品が届くまでの顧客ケア、届いた後のアフターケアやメンテナンス体制まで、それらすべての集大成が「ブランド体験」として検証されることになるのです。そうした体験に対する評価を高める仕組みづくりが、ブランディングの成否を大きく左右することになります。

さらにつけ加えるなら、ブランド体験の中には未来に対する時間軸とビジョンが欠かせません。なぜなら、ブランドが目指す世界観や理念の提示には、顧客の期待に沿った未来への認識やビジョンへのナラティブが不可欠だからです。成功している多くのDtoCブランドが、顧客参加型のイベントや、実店舗でのリアル体験などに重きを置くのも、ファンとしての顧客と同じ空間・時間を共有する体験が、ブランドにとっていかに重要かを熟知しているからにほかなりません。

2 日本におけるDtoCのあり方とコミュニケーション方法

世界は変わるのか、それとも変わらないのか

ここから世界はどう変わっていくのか。DtoCブランドはどうあるべきなのか？　その問いを突き詰めるべく、マーケターとしてブランドとの強いつながりを持ち、自身もブランドの「中の人」である業界の先駆者たちに、「ブランドの未来とそれを取り巻く世界がどうなっていくのか」のインタビューを行いました。

先駆者たちの言葉の中にもまた、未来へのヒントが詰まっています。

PROFILE

菅原 健一（すがわら・けんいち）さん　株式会社Moonshot 代表取締役CEO

企業の10倍成長のためのアドバイザー。社会や企業内に存在する「難しい問題を解く」専門家。クライアント10社、エンジェル投資先20社の計30社のプロジェクトを並行して進める。過去に取締役CMOで参画した企業をKDDI子会社へ売却し、経営を継続したまま売上を数百億規模へと成長させる。スマートニュースを経て現職。20代のマーケター600人が参加する #20代マーケピザ主催。

ユーザーの必要なものに還元していく

菅原：皆さん、新型コロナウイルスのことがあってピンチだと思っているかもしれませんが、これまでにないチャンスでもあります。ピンチだと思っている人の多くは、今までの状況を維持したいと思っている人。でも「今までと違うことが起こるのではないか」と思った人には、もうチャンスしかないんですよ。

例えば僕なんて、音楽関係の仕事を一切やったことはなかったのに、いきなりオンラインフェス（65万人が参加するBLOCK.FESTIVAL）をプロデュースできてしまったり…。今までとは違う体験や新しいことは、プロが出てくるのに時間がかかります。なので、プロがいない領域がボコボコいっぱい生まれているんですね。

河野：チャンスという意味では、おそらく「消費」そのものは逆に増えた人もいるのではないでしょうか。今のこの短い期間だけ見ても、コロナ禍以前と比較して、人それぞれの趣味嗜好や購買意欲は多種多様化していると感じます。

菅原：僕は、このコロナ禍で「時間と不安」が増えたんだと思います。僕自身は企業のアドバイザーをしつつ、エンジェル投資もしています。投資領域はさまざまですが、僕なりに領域やカテゴリーを定めていて、「健康」か「孤独の解消」か「自己実現」というカテゴリーにしています。例えばスニーカーは、「健康」ではなく、「自己実現」に含めます。自分らしくあるためのもの、という位置づけ。サラダ屋さんだったら、「飲食」ではなく「健康」のカテゴリー、お店があればコミュニティだから「孤独の解消」です。これら「健康」「自己実現」「孤独の解消」の3つに加えて、不安と時間というのをどう見るか、考えるようにしています。

河野：いろいろなものが本当に試されている感じはありますね。こういう状況下だからこそ見えてきたものもあると思います。

菅原：僕なりの解釈ですが、アメリカでなぜDtoCが流行ったかというと、安くてよいものがあるからなんです。アメリカは貧富の差が激しくなって、消費者が同じ商品をもう買えないのです。なので、同じようなものなら値段が安いほうを買いたいけれど、ブランドがないとそれはそれで恥ずかしい。そういう意味で、ブランドの存在価値はありますね。だからどちらかというとＤ to Ｃは、今までのものを買えなくなった消費者に、よりよいブランドでよりよい価値、価格に見合うものを提供しているというのが、Ｄ to Ｃ本来の考え方だと思いますよ。

河野：日本だと「いいものなのに安い」という状況もあります。日本におけるＤ to Ｃは、どうあるべきだと思いますか？

菅原：よいものも、もちろんあるのですが、流通対策費と広告宣伝費を削れば、まだやりようはいくらでもあると思います。大事なのは、結局そのお金を何に使うかなんです。例えば、値段を変えずにコミュニティをつくる費用に使ってもいい。ちゃんと利益を出してユーザーの必要なものに還元していく。そういう思考が大事だと思います。今、企業は、過去に購入してくれたお客さんのお金を効果のない広告費などに使っていいのか、ということを改めて考える時期にきたのではないかと思います。

河野：そうですよね。コンバージョン数値が低いから悪いと結論づけるのではなく、その中でどうあるべきかを考えるタイミングだと思います。

ＳＰＡにメディアを統合

菅原：ＤtoＣの本質はＳＰＡで、生産と小売が統合された流れの先に、さらにコミュニケーションのためのメディアまでが統合された状態だと思います。結果、中間費用の削減と体験の統合によるユーザーエクスペリエンスの向上が果たされた状態が、ＤtoＣと言えると思います。そうすると、メディアもあるので広告費が必要なく、自給自足でできる。広告だと掛け捨てという考えもありますが、メディアを大きくするのは掛け捨てになりません。

河野：財産になるということですね。

菅原：ですので、やっぱりメディア、生産、小売がくっついているというのがイメージに近い。ユニクロがテレビ局を持っているとイメージするとわかりやすいかもしれません。

河野：「やり方がうまく、とても素敵だな」と思うブランドは、顧客理解度が高いと思います。しっかりとしたコミュニケーションは、顧客のことが想像できているからこそできることです。だからこそ、こういう状況下になって顧客が今持っている考えを自然に考えられるか、が重要だと思います。伸び続けるブランドは、そういう嗅覚がある。そういう意味では、まさしくメディアというご指摘につながってきますね。

ターゲットにまつわる、基本的な誤解

菅原：ビジネスをする上で、卒業という概念があるジャンルで考えることと、卒業しないジャンルでは全然、事業の性質が違うと思います。例えば、飲料には卒業という概念がわりとあるので、薄利多売であったり瞬間的なものを狙う。新商品を大量投入して棚を取るという考え方が多くあります。一方、まつ毛美容液は、卒業は比較的されない。DtoCにも、卒業が発生するブランドがあります。なので、僕は卒業がないものと、買い替えサイクルが適度にあるものを事業に選んだほうがいいと思います。

また、売り方でいうと、ファンをつくってから売るというのが大事です。ファンにものを売るのか、そうでない人にものを売るのかで、重要とされる部分が違いますね。ただ、誰でもいいから売る、となると販路を広げるために広告費をかけて、流通対策費も

かけて、アマゾンに出して価格を下げて、そこからさらに価格を下げられてしまって…という流れに入らなければいけない。アマゾンに出してもいいのですが、単純にファンに売らないという時点で、取るべき道は主に価格帯という部分で他との競争となってしまいます。ファンに買ってもらうという考えであれば、そういった競争とは違う道に行けるので、ファンをつくることが大事かもしれないですね。

河野：ファンになってもらうためには、相手をまず理解する。でなければ相手が自分のことを好きになるなんて、絶対にありませんよね。

菅原：そうそう！　よく、マーケティングの初心者の方は、売りたい商品を買ってくれる人を探しています。つまり、誰に売るのか、ターゲットを決めない。大手のメーカーでも、「ターゲットはどういう方ですか」と伺うと、「買ってほしい人」ではなく、「買ってくれそうな人」をターゲットにしているケースが多いんですね。買ってほしい人をターゲットにすべきです。買ってくれそうな人に手当たり次第声をかけて、ではない。誰なら幸せにできるのかに向き合って、その人が喜んで買ってくれるまで何をしたらいいのか、を考えるのが最善だと思います。だから、マーケティングを始めるときは、ターゲティングをすることからやるべきだと思います。

河野：そこに対して自分たちが何者なのかということをしっかりと伝え、自分たちのことも理解してもらう。こういう施策は、ブランドマーケティングコミュニケーションをしているといえますよね。

菅原：ブランディングの話に移すと、ブランディングという言葉は難しい言葉だと思います。「ブランドづくり」という感覚のほうが、正しいような気がする。そして、今ブランドをつくることよりも前に、意識を揃えることがブランディングというような気がしています。広告や流通・小売に依存しないとか、顧客と直接つながることで次の商品をつくりやすくするとか、お客さんの感謝の量をどうやって上げるのかとか。そういうことを考えるものではないかと思っているのですが、どうですか。

河野：まさしく、そうですね。それを、ブランドと一緒に考えてやっていくことになります。難しいのは、例えば商品のパッケージひとつとっても、店頭で販売するのは、いかに手にとってもらえるかが重要な一方、Eコマースは顧客に届いたときの感動をどう生み出すか、が大事になるんです。選んでもらうときではなく、顧客に届いた後の体験が大切になります。

菅原：本当にそう思います。メーカーは今まで「流通に出して終わり」ということが多くありました。今では「（店頭で）売って終わり」というところまでは考えが変わったと思いますが、消費者の視点なら「買ってからが始まり」ですよね。今までは顧客との接点が途切れていました。やっと「売って終わり」というところまで来ましたが、消費者は「買ってからが始まり」です。一番大事なのは、どうやったら買った後に満足してもらえるかを考えることです。

河野：フラクタは「生き残るための」という枕詞をよく使います。生物学的な可塑性という話があります。生物は進化していくことですごく優れたものになっているように見えますが、実際のところはその時々で起きる環境の激変や自然界の淘汰に最適化できるものが生き残る、という考えがブランディングのベースにあります。ビジネスにも、結局その考えが適用されているなと思います。結局、進化したり強くなったりするという考えよりも、どれだけ環境適応していくかが大切で、その適応というのは、ただ単に自分たちの考えを変えるのではなく、周りを見極めて状況を理解しあらゆる手段を使うということです。そういうことを考えるフレームワーク（考えるための素地）をつくることが一番重要だと思います。

菅原：考え方は大事ですよね。今は「強くなりましょう」という考え方ではありません。

「生き残るためにやり方を変えましょう」なんです。世の中の変化を予測したり、お客さんに素直に適応したりしていくことが重要ですね。コンシューマービジネスでは顧客は嘘をつかないので、嫌なものは嫌なんです。「なんか嫌だ」で買ってくれなくなるし、「なんかいい」で買ってくれる。ＢtoＢはわりと営業マンの強さでうまくいける。もしくはマーケティングの強さでうまくいくこともあるのですが、コンシューマービジネスは「なんか嫌だ」「なんかいい」がすごく重要なので、そこを考えて「なんか嫌だ」を「なんかいい」にしなきゃいけない。強さという感覚よりは、今流の「いい」を知らないといけない。だからマーケティングでは、自分自身が普通のユーザーであることがすごく大事です。

河野：テクニックではなく、その空気感を理解するということですね。

3 ブランドが大切にするべき本質的な考え方

PROFILE

川添 隆（かわぞえ・たかし）さん
佐賀県唐津市出身。全国のEC担当者を応援し、ECビジネスの可能性を伝えるECエバンジェリスト。ファッション関連3社を経験後、2013年7月よりメガネスーパーに入社。EC事業、オムニチャネル推進、デジタルに関わるすべてを統括し、7年でEC関連事業の年間売上は7倍、自社ECは月間受注が13倍に拡大。2018年よりビジョナリーホールディングス執行役員。また、2017年にエバンを設立し、小売企業、BtoBスタートアップ、DtoCブランドのアドバイザーに従事。

ブランドのコアを認識し、内部に浸透させる

河野：顧客の消費活動は、2020年の新型コロナウイルス感染症拡大の影響を経てとても変化していると感じます。今後はどうなっていくと思いますか？

川添：前提として、私は実店舗メインでやってきたのでDtoCのスタートアップの目線

というよりは、実店舗メインでやっている既存のブランドの目線でお話しします。

この問い、結構考えていましたが、変わることと変わらないことがあるでしょう。メディアだと「根本的に消費行動が変わりますよ」という類の記事が出ていますが、本当に変わるのか、という疑問があります。例えば、2020年4～5月における実店舗のマイナス分について、いろいろな指標が出ています。しかし、そのマイナスをECで補っているわけではありません。

状況は異なりますが、2011年の東日本大震災時の物販のEC化率推移では2011年と2012年はそんなに上がっていないんですよね。2013年は少しEC化率が上がっていますので、もしかしたら少し遅れて伸びるのかもしれない、ということはあります。また、消費におけるチャネルの選択は大きく変わっていなくても、ブランドの見方などは変わる部分があるかもしれません。

明らかに変わっていることは、まず働き方ですね。新型コロナウイルスの感染を防ぐことを前提とすると、お店で働いている人にとって脅威や不安がある。リモートワークでは、消費活動ですでに変化がありました。例えば、周辺機器を揃えたり、その次に身の回りのケアのためにお金を使ったりという変化が起こりました。逆に、不要不急のものはあまり買わないというように、短期的な消費活動は間違いなく減りましたし、今後社内申請などの電子化に対応する必要があるでしょう。

コミュニケーションに関することで言うと、東日本大震災のときも劇的に変わっています。これを契機としてＬＩＮＥというサービスが世に出て、それ以降1年くらいで１５００万人のユーザーを集めました。いわゆるオンラインのコミュニケーション、非対面のコミュニケーションにせざるを得ないということは変化として挙げられ、これは今後も継続するでしょう。

変わらないことで言えば、人が何を信頼するのかということはそんなに変わらないと思います。例えば、単純に身の回りの人や大事な人を大切に思う気持ちは変わらない。医療従事者のように社会貢献している人に対する支援活動を行っている企業もありますが、「この企業は意外だな」という企業はそこまでないと私は思っています。納得感のある企業がやるべきことをやっていて、いきなりこれを機に信頼を急激に獲得したというよりは、ふだんから信頼されているところが確実に信頼を獲得している感じがします。

メガネスーパーをはじめとするビジョナリーホールディングスではご愛顧いただいているご高齢の顧客の一部にマスクを数枚ご送付しましたが、「非常にありがたい」という反応をいただきました。あくまでも、日ごろお世話になっているお礼としての活動ですが、お客さまのお声を見ると信頼感につながったと感じます。

あともうひとつ、すでに起きていますが「人間は忘れる」ということも変わらないと思っています。過去にもＳＡＲＳや新型インフルエンザや、東日本大震災などの大きな天災がありましたが、多くのビジネスパーソンがそこからの教訓を学んでいるかという と疑問があります。企業でも、緊急時のことを踏まえて継続的に対処しているところよりも、忘れているところのほうが結構多いと思います。チャネルどうこうではなく、緊急時でも利益を得られるようにしなければ、ブランドの活動を終了せざるを得なくなります。不透明なことがあったとしても、何が確実で何が不確実かを仕分けして考え、対処したほうがよいでしょう。

河野：本質的に全部が変わるといっても、今まで続いているものは当然続いているものだし、人間のそもそもの特性が変わるというわけではないということですよね。

川添：私は、なるべくお客さまを理解したいと考えていますが、完全にはできてはいない。「理解をしないと何も始まらない」ということは変わらないと思います。例えば、メガネスーパーのＥＣはコンタクトレンズをメインに販売していますが、２０２０年３月時点だとそこまで増えていなかった。だけど、非常事態宣言が出た後から新規購入が2倍ぐらいになりました。街に出てはいけないから新規が増える現象は理解できても、「なぜうちのサイトなんだろう」「どこで知り、どういう経路で来たんだろう」「その中には初めてECを使う人はいたのだろうか」とか、そこがすごく気になるわけですよ。過去の延長ではなく、今のお客さまの状況や心理をなるべく知りたいという意識を大切にしています。そして、すべてが理解できないからこそ、永遠に追求していけるのだと思います。

また、これも普段と変わらないですけれど、わかりやすく伝えるということですね。ブランド、チャネル、タイミング、動画やテキストのような形式などによって、受け取ってもらえる情報の量が違うことが大前提でしょう。ブランドとして提供できる価値と、お客さまからどのような存在で見られているかをある程度把握しておけば、テキストがよいのか、直感的なビジュアルのみがよいのか、選択しやすくなります。コロナ感染を防ぐべき状況下では、時々刻々と、外部環境が変化し、お客さまの心理も変わってくるはずです。過去の延長線での「改善方法」では通用しないと思っています。つけ焼刃的に対処はするものの、根本が変わっていないということもあります。この辺りは、〈組織〉になった時点での弊害なのかもしれません。

河野：顧客を理解して、自分たちが何者かということを明確にした上でコミュニケーションしていくことは本質的には変わらないということですね。ただ、状況が状況なのでそれに合わせて改変せねばならない。今までにない状況の中で何ができるかを、考えていかなければいけませんね。この先、企業やブランドのあり方は、どうなっていくと思いますか。

川添：実行のスピードや、企業やブランドの大義の重要性はあると感じています。ですのでそれがないブランドというのは、仮にコロナが収束しても淘汰されていくでしょう。あとは、コロナ禍初期においては生活必需品と嗜好品というものがはっきり分かれました。ファッションは生活に必要な衣食住のひとつのはずなのに、「嗜好品だった」と突きつけられたと。それがわかったときにどうするかが、今後のあり方にとても影響すると思います。音楽は不要不急としてイベントが中止になり、「最初に切られた」という印象がありましたが、レディー・ガガが音楽イベント「One World: Together At Home」を開催したり、日本でもさまざまなアーティストがＹｏｕＴｕｂｅで過去のコンサートを無料配信したりして、オンラインでのライブ配信などの取り組みが一気に広がりました。私個人は単純に勇気づけられたというか、こんな過ごし方があるのかと驚きました。私は、自分が辛くなったときに「Ｍｒ．Ｃｈｉｌｄｒｅｎ」を聞くんですが、今回のＹｏｕＴｕｂｅ配信を見たときに音楽の凄みを感じたんです。過去のコンテンツにもかかわらず、同時に観ている人がたくさんいて、感謝や感動が入り混じったさまざまなコメントが飛び交っている。離れた場所で多くの人が同じ時に同じ映像を視聴して、感動している様子が手に取るようにわかりました。音楽の影響力のすごさをしみじみ感じたんです。自粛でイベント活動が打ち切られていって、社会的に後回しにされたと思いきや、オンラインでリカバリーし、人の気持ちの中に入り込んできたんですね。

ブランドの話に戻ると、今後厳しくなってくるブランドがあるとします。そのときに「本当に厳しいので助けてください」と顧客にお願いしたときに、本当に助けてもらうには情緒的な絆に近いものが必要なのかもしれません。そこまでいかなくても、コロナ禍ではクラウドファンディングやフードロス対策の〈応援消費〉が広がったと捉えています。

ロイヤルティーの話になりますが、単にモノを提供するだけではなく、ブランドと顧客の心の結びつきのようなものがなければ厳しい。特に苦しいときほど。生活必需品と嗜好品が分かれたときに、「自分たちはつながっている」という感覚があるのとないのでは違う。そこを定義したほうがよいのではないかと思いました。

河野：確かに、僕も感じますね。本当に人間が生きていくための食べ物や住居や最低限の服以外、基本的には不要不急——その上で、お金を出してまでそれを買いたいと思ってもらうには、顧客とのコミュニケーションが必要不可欠だと思います。そこには信頼や絆など、時には自分たちの弱みも見せてしまうような、情緒的なコミュニケーションの必要さを音楽の世界を見てすごく感じました。

川添：私が好きなブランドで例え話をするなら、「コム・デ・ギャルソンのブランドのあり方は変わるか？」と言えば、たぶん変わらないと思うんです。何かしらの活動は変わるかもしれないけれど、過去の自社コレクションを否定して、毎シーズンチャレンジし続けるというあり方は変わらないと信じています。「芯の部分が変わらないから好き」ということもあるはずです。それは、断片的だけど変わらないブランドや川久保玲氏自身の強さが発信されていて、それに触れることで何かの結びつきを感じるからかもしれません。コム・デ・ギャルソンにはそういった、ブランドがあり方を変えるということが想像しにくいです。コミュニケーションや運営の仕方などは変えるかもしれませんが、根本の思想やあり方は変わらない。そういった姿勢を見ると応援したくなるのではないでしょうか。

河野：本質的なところは変わらない？

川添：はい。これは私が企業再生を2社経験して感じることなのですが、厳しいときこそ、企業文化や行動指針などの〈拠りどころ〉が必要となってくるんですよね。それがないと、求心力や推進力が生まれてこない。平常時はそういったことがなくても運営自体はできるものです。しかし、コロナ禍のようなきついときには、足元の対策をやりながらも、コアの部分を研ぎ澄ましていかないと、仮に切り抜けたとしてもそこからのさらなる生き残りに残れないと感じます。

河野：ブランドの本質的なところを問われることが、多くなったと感じています。緊急事態という言葉がある意味すごく的を射ていると思うのは、そういう状況下に置かれたときに、人は一体何を選択して、何を捨てるのかということを問われるじゃないですか。そういう意味で、まさしく自分たちの存在そのものを認識できていないと、伝えるものも伝わらない。そもそもコミュニケーションもできない、と今のお話をお聞きして感じました。

川添：最初に言った「忘れる」っていうことも、人間の愚かさでもあり、人間の防御反応なのかもしれません。今回は長期化もするでしょうし、企業の体力の観点では、コロナが収束したとしても、小売としてはあともう1～2年ぐらい影響があるのではないでしょうか。そうすると、なかなか新たな投資がしづらい企業は、さらに成長性が削がれていくはずです。

過去を振り返ると、5年～10年のスパンで、社会にインパクトをもたらすような出来事が起きています。ということは、ブランドの思想だけでなく、そういった危機が訪れても、ブランド活動の源泉となる利益を得られる仕組みが必ず必要なんです。天災との闘いのようであって、実は人間としての弱さや忘れることとの内なる闘いなのでは？と思っています。

メガネスーパーの星﨑（尚彦）社長は日ごろから「槍が降っても利益が出せるビジネスモデルにしなきゃいけない」とよく言っています。自社が苦しいのを外部環境のせいにせず、常に今を厳しく捉えて日ごろから準備をしておくことは、どのブランドにも必要だと思いますね。

さらに収束後が肝心です。2020年5月に非常事態宣言が解除され、同年6月から本格的に店舗営業が再開されたものの、コロナ禍以前の売上ペースに戻るには時間がかかります。仮に世の中のムードも変わったとしても、売上が戻らないブランドが存在するということは断言できます。コロナ禍前から既存店がマイナスのブランドは何かしらパワーが落ちているわけですし、さらに買い物しにくい環境を経験すると顧客の中で短期的にブランドリセットみたいなものが起きるのではないでしょうか。嗜好品の場合は、ロスした買い物の機会をすべて取り戻せるわけではありません。ある意味大切な1回の買い物だとすると、どこで買い物をするか慎重になるはずです。となると、本当に必要なブランドを選択することになる。その中で生き残ったブランドだけが継続して今後も買われ続けるでしょう。買われ続けなくても、収束後に「あそこに行こう」という気持ちになるのではないかと思っています。

ちなみに、東日本大震災の発生時、私はガールズアパレルに在籍していました。停電や自粛ムードが明けた後に、競合ブランドは売上が戻ってきていたものの、我々の会社の旗艦ブランドは売上が戻りませんでした。必ず今回もそういったことになるので覚悟は必要です。変われるのは今しかないのです。

4 ブランドが提供する体験と価値

PROFILE

石川 森生(いしかわ・もりう)さん

新卒でSBIホールディングス入社。SBIナビ(現・ナビプラス)の立ち上げに参画、営業統括の責務を担う。その後、ファッション通販サイトのマガシークにてマーケティング部門の責任者、製菓製パン向けECサイト「cotta」を運営するTUKURU代表取締役社長を歴任。イントレプレナーとして常に企業の課題解決に従事。2016年2月、ディノス・セシールでCECO(Chief e-Commerce Officer)に就任。既存の枠組みを超える、サステナブルなECビジネスを構築するというミッションを実践している。

オンラインに置き換わるもの、置き換えられないもの

河野:2020年を境に、消費活動が変わると思いますか?

石川:対象となる商品によっては多少変化するのではないかと思います。「衣食住」は、生活のインフラのようなものなので、いわゆる不要不急でいうと「要」の部分。根源的

には、栄養補給だけしていればよいという観点での「食」、皮膚を保護するためだけの観点で「衣」。そして雨風がしのげるのが「住」においての要と言えるので、この辺りの消費活動は根本的にはあまり変わらないと思います。しかし、現代社会においての「衣食住」は、こうした、根源的な「要」を超えた意味もある。今現在の状態でも、消費の手前にあるニーズにそれほど変化はないだろうけれど、「どこで消費するのか？」という場所などについては、当然変わらざるを得ないですよね。

新型コロナウイルスの流行で、外食産業が変化し、ミシュランの星が付いているようなお店もテイクアウトを実施しました。でも、それをタッパーに詰め、ビニール袋で持って帰って、家で食べるのはやっぱりちょっと違うよね、と。もちろん味は美味しいけれど、ミシュランの星つきの店でサーブされたり、ワインリストを眺めながら飲んだりという体験は得られません。ミシュランの星付きのレストランで食べることは、栄養を補給するためだけの「食」の価値を、はるかに超えている。だから、今回は「価値とは何ぞや」ということが改めて考え直されるタイミングだと思います。

エンターテインメントも同じです。例えばディズニーランドは、あの空間に自分を物理的に存在させられることがファンにとって楽しいわけです。コロナ禍で、リアルの価値の部分だけを引き算されたことによって、より「リアルでしか体験できなかった価値」がよく見えるようになったというのが今の感覚なんですね。

この先当面の間、今までできていたフィジカルな体験ができなくなるということがあり得る。リアルでしか提供できていなかった価値を、別の形で届ける方法を考えざるを得ないと思います。

まだ言語化できていないけれど、リアルで提供すべきものは数字に表れないと思っています。数字に表せないので、ロジカルに説明するのが難しいのですが、リアルでしか得られない高解像度の情報のようなものがあり、そこをちゃんとオンラインで補えるかどうかによって、乗っている「ブランドビジネス」という船のサイズが変わるんだと思います。逆説的ですが、どんなにリアルでの活動が制限されたとしても、リアル側の意味と価値をちゃんと捉えられているブランドが、ＥＣ側の顧客価値を正しく設計することができ、結局生き残ると思います。コロナ禍でもＥＣが前年比１２０～１３０％しか成長していない状態を見ると、オンラインだけですべての購買が成立する世界は当分来ないのではないでしょうか。だとすると、今のこの状態を前提として、オンラインのみに全力で張りにいくのは、はっきり言ってビジネスパーソンとしてセンスがないなと感じてしまいます。

河野：完全にオンラインのみで成立させるには、まだ50年くらいはかかりそうですよね。

石川：少なくとも我々世代が死んだ後かなと思います。なので、ＢｔｏＣ企業ではオンラインのタッチポイントを持つこと自体は当然必須だとは思うのですが、ビジネス成功の十分条件にはなり得ないと思います。いわゆるＥＣ化率を考えても、オンラインのみでは残りの9割は取れない状況になってくるので、ますますリアル側の使い方が重要になるのでしょうね。

河野：オンラインとリアル。それぞれの役割とかあり方ということをちゃんとコントロールできないと難しいということですね。

石川：まさにそうです。オムニチャネルの概念が出てきた当初は、「顧客体験を均質化しましょう」というニュアンスが強かったと思うんですよ。「顧客データを統合して、どこでも同じ接客をしましょう」というような。リアルだけで関係ができていた人たちがオンラインに来たときに「どなたですか？」では困るから、「どこに行っても同じように声をかけられるようにしましょう」という。考え方のベースとしてはよいんですが、リアルな接客をオンラインに持っていけばそれでよいのかというと恐らく違うんですよね。

均質化じゃなくて、むしろ異質化しないといけないと思います。つまり、自社のブランド価値を考えたときに、リアルで提供しないといけない部分と、オンラインで補完しないといけない情報が何かというのを切り分けないといけない。そこの感覚を理解できないと、たぶん戦えないと思います。

河野：感性と数字を両方しっかりコントロールできることが大切なんですね。難易度が高いと思いますが、結局そういうところに帰結していくんですね。

最後に、２０２０年以降のブランドに対して、これを発しておきたいというメッセージがあればぜひ。

石川：自分自身の経験からではあるのですが、一回自分の専門領域に深く入りすぎてしまうと、見えづらくなるなと感じました。我々もつい10年前まではユーザーインターフェースの理論をひたすら追っていて、例えば商品詳細ページのテンプレートの最適解をずっと探していたわけです。でも今となっては、そこまで重要ではなくなっている。自分の専門領域に深く潜ると、すごくミクロなところでのブラッシュアップに入ってしまって、全然本質的じゃないところにコストと時間をかけてしまうリスクがあると感じています。

今回のコロナ禍の一件で一番勉強になったのが、こういう状況下で冷静に俯瞰で見るためには、頭で考えるロジカルなことから一回離れて、動物的な感覚のところまで引いたほうがよいということ。消費者目線はおろか、動物として感覚的なところまで引かないと見えてこないことがある。言葉にできていないんですけれど、リアル側から得られるよくわからない膨大な量の感覚的な何か――。沖縄の海に行くのと、東京湾の海に行くのとは話が違いますよね。同じ砂と塩水ですが、やっぱり違う。なぜそんなに違うのか。わざわざ時間とコストをかけて飛行機に乗って沖縄に行く価値とは何なのか？　消費者としてもたぶんそこには言語化できない価値のほうが大きくて、もっと動物的な感覚で判断してるんだと思うんですよね。

だから、デジタルマーケティングが専門領域だとしても、いったん動物的視点まで引くと、自分たちがやっていたことが、全体の中のどの部分なのかというのが何となくわかってくると思います。言ってみれば、「Ｇｏｏｇｌｅ Ｅａｒｔｈ」でガーッと引いていく感覚っていうんですかね。何となく感覚として東京都ぐらいまでは引いて見てたんだけど、まだまだよくわからないので、大気圏ぐらいまで一回上がると、「あーそういうことね」ということがわかる。

河野：日本ってこういう形してるんだ！　みたいな感じですよね。

石川：そうなんです。今自分たちはここにいて、こういうことをやっているんだよね、というのを全体との相対的な位置関係で把握したほうがいい。ＤtoＣやＯtoＯ（Online to Offlineの略。オンライン上の施策をオフライン時の行動にも作用させること）のようなものも、そもそも自分たちのビジネスにとって何の意味があるのか、ビジネスの全体の中でどのような役割なのかと考えたほうがよいと思います。

河野：木を見て森を見ずではないですけれど、すべてにおいてそれはあるということですね。

石川：そうですね。だから、森すらも出たほうがよいですよ、たぶん。森の横は砂漠かもしれないし、限界まで一回引いてみるといいかもしれないですね。真横に砂漠が近づいていたら、その木は物質的な価値を超えて「癒し」とか「希望」とかまた別の意味を持つかもしれない。そういった動物的な感覚というかアート的な価値をどのように付加していくのかが、少なくとも２０２０年以降の商売には必要なんだと思います。

5 After2020におけるブランドとしての活動の変化

PROFILE

鈴木 健（すずき・たけし）さん
株式会社ニューバランス ジャパン　マーケティング部ディレクター。
1991年広告代理店の営業としてスタートし、ナイキ ジャパンで7年のマーケティング経験を経て2009年にニューバランス ジャパンへ。マーケティングの責任者のほか、2017年から2019年まで直営店およびECの事業も兼任し、2020年から現職。

自分たちが社会に対して何ができるかという発信をする

河野：この2020年を境に消費活動そのものが、根本的に変わると思われますか？

鈴木：今回の新型コロナウイルスが大きなインパクトをもたらしたのは事実ですが、実際に人間の生き方そのものが根本的に変化しているかというと、そういうわけではないと思います。

ニューバランスもコロナ禍で直営店舗を一時閉めていましたが（インタビュー当時）、こんな状況下でも商品を発売すれば欲しい人がいるというのも事実です。今、外に出られないから靴は必要ないということではなく、消費者の生活の延長線上に商品が位置づけられる場合は、欲求そのものは消えないのです。人々の働き方にしても、以前からリモートワークや在宅勤務は存在していました。ただ、この状況によって強制的にそうせざるを得ず、急速に普及することになった。面白いのは、オフィスにいれば当たり前だったハンコの承認のような手続きが、デジタルで簡素化せざるを得なかったことです。そして、振り返れば意外と簡単にリモートワークできている。デジタルはフィットしていくところはどんどんフィットしていく。例えば、この状況で店舗を開けられないのであれば、今までEコマースで扱っていなかった商品もEコマースで売らなければならなくなったりする。

これらの変化は、労働者や消費者からするとよい変化なわけで、新しいことがデジタルでトライアルしやすい機会になりました。今後はコロナ禍をきっかけに、生活にデジタルをどうフィットさせていくかという実験が加速するのは興味深いことです。

そういう意味で行動が変わるというより、消費についても欲しいものが二極化するのではないかとも言えますね。価値が高いと思うブランドは、店舗が開いてなければＥコマースでも欲しい。けれど、コモディティとして感じられる商品は、とにかく安く手軽に手に入ればいいや、という志向に分かれていくからです。

コロナ禍で、もし後者の消費がメインになってくると、ブランドとして恐ろしいのは、本来店舗があれば普通に売れていたものが売れずに在庫が長く残ってしまい、今後そのようなコモディティが市場にあふれて安売り合戦に陥ることです。そうならないためにも、前者の価値を認められるブランドとして生き残れるかどうかが試されるわけです。

これは以前から言われていることでもありますが、仮にすべての消費財がオンライン化していくと、利便性と価格がブランドよりも勝ってしまう。例えば、マスクがなくなったら「どこのメーカーでもよいからマスクを手軽に安く欲しい」という感覚になる。生活必需品がコモディティ化しやすいのは、ブランドとしてよりも、商品の基本的な価値を品質や機能が満たしてしまえば、あとは利便性と価格の競争でしかなくなるからです。「今日注文したものが明日には届いている」という利便性はオンライン販売の得意なところですが、コモディティではないラグジュアリーブランドにとっては重要性が低くても、オンライン化された世界でのコモディティのカテゴリーでは、デリバリーのタイミングと値段は価値のすべてになるわけです。それに神経を注いでいるのがアマゾンですね。

ニューヨーク大学レナード・N・スターン・スクールのマーケティングの教授、スコット・ギャロウェイがアマゾンを「ブランド殺し」と呼ぶ理由のひとつは、同社のオンラインサービスモデルにおいて、人が商品に求める基本的な価値を利便性と価格に集約させていくアプローチが、彼らの構築するEコマースによくマッチしているからです。彼らのビジネス信条は「より多くの商品を、より安く」ですから。そこにブランドという言葉はない。

そのようなEコマースの世界では、小さなスマートフォンのデジタルスクリーンでの競争を強いられる。多くのラグジュアリーブランドが、ロゴを小さな画像でも認識しやすいフォントに変更しているのもその影響です。仮にテクノロジーが進化しても、バーチャルリアリティーを通して現実の商品や世界を見るのは限界があるし、それよりも利便性やそれなりの値段でよいものが届くということが主眼になってくる。そうなると、デジタルインターフェイスが選んだものが正義のように見えるわけです。「ビールが飲みたい」とスマートスピーカーに頼んだとき、候補として出てこないブランドはそもそも選ばれる機会がなくなってしまう。

アマゾンが勧めるリーズナブルな値段のオファーがあるということは、それだけ売れていて人気があり間違いがない、なおかつデリバリーなどの利便性が確保されている。それが、ブランドより「価値がある」という意味に変わる。そうなると同じ市場に新規参入するのが難しくなるだけでなく、新しいブランドの価値を伝えるということ自体が難しくなります。

河野：そうですよね。

鈴木：「利便性と価格」が主導するシステム全体を押さえると、インターフェイスが優位になる。ブランド力よりシステムが勝ってしまう。リアルな店舗の販売機会がなくなり、すべてオンラインでやれることをやりなさい、という世界になるとインターフェイスが勝ってしまうのです。

ですが、ブランドにとって勝つチャンスがないかというとそうではない。アマゾンが届けられないものは「体験」そのものです。すごくシンプルな答えになりますが、例えばディズニーランドに行ったときの体験はアマゾンでは味わえない。家にいながら、ディズニーランドに行けるようにしてくれということはなかなかできないじゃないですか。

それはディズニーランドというブランドには、その場所に行った際の食事やグッズが含まれているだけでなく、その場所でしか味わえない体験がセットになっているからです。単純にミッキーマウスのグッズをアマゾンで便利に買えるだけではディズニーランドには及びませんよね。そのようなブランドのみが持つ価値をどうつくっていくのかを考えることが、ブランドが勝つために必要になると思います。

河野：本質的に魅力化するという感じですよね。すごく便利であることやそこでしかできない体験、というもので選ばれていくことが、今まではっきりと分かれてくるイメージですね。

鈴木：とはいうものの、コロナ禍でのデジタル化が示唆するのは、ブランドがリアルでしか味わえない体験価値を持っているだけでは生き残るのが難しいということです。ディズニーランドも休園してしまえば全くアクセスができないからです。その場合は、情報としての価値を高められるかが、ブランドが生き残るポイントかと思います。

例えば、インスタグラムで、魅力的なインフルエンサーが商品をＰＲすることは当たり前のようにあります。仮に自分の見ているインスタグラム投稿が全部フェイクで、インフルエンサーが全部ＡＩやロボットだったとしたらどうでしょうか。それでもオンラインの世界では、情報としての価値がデジタルスクリーン上では成立しますよね。実際にバーチャルモデルが機能するのも、情報として意味があるからです。極端な話ですが、オンライン上のタッチポイントだけが理由で物を買う行動があるとすると、インスタグラムというオンライン体験が物を動かすための情報の価値を持っているということであって、そういう仕組みをつくれるブランドがオンラインで生き残るはずです。

「インスタ映え」のような言葉があるために、インスタグラムでは画像や動画のクリエイティブだけを考えてしまいがちですが、実際はそのプラットフォームを通じて、人が商品やライフスタイルについて語ってくれたり、写真を撮ってくれたりする。その全体が「体験」なのです。インスタグラムには、アマゾンと違った「システム」としての体験が、オンラインでの情報価値を高めている。オンラインだけで、リアルがないと新しい出会いが少なくなりますが、それを補うようなオンラインの体験づくりも重要になります。

河野：今は強制的にオンラインしかないという風潮になっていますが、オンラインだけで満足する人がほとんどなのか、それともリアルでの体験や商品との出会いがないと人は満足しないのか。どういう割合になると思いますか？

鈴木：実際の生活ではオンラインの接触のほうがむしろ少ないので、結果的に満足の度合いは低いと思います。コロナ禍によってメディア接触時間はマスメディアも含めて増えていますが、一日中オンラインを見ていられないですよね。仕事だとしても疲れてしまうので難しい。人間は肉体を持っているからこそ、肉体の求めるものが前提で、情報を受け取ったり処理したりしていると思います。SFの世界のように、オンラインの情報がすべて脳に神経として直に接続されるとなったら話は別ですが。少なくとも今の肉体で視覚を酷使している限り、オンラインの活動をずっと続けられない感じはしますよね。

河野：そうですよね、やっぱり疲れてしまいますよね。完全なバーチャルリアリティーが出てきたら変わるのかもしれませんが、それはまだまだ先の話だと思います。

五感が人間にとって思いのほか重要だということですが、次はブランドのあり方、スタイルについての質問です。ニューバランスで格好いいマスクをつくられたと思いますが、全社的にやっていこうという気運はすぐに高まったのですか？

鈴木：詳しい経緯は話せませんが、日本から見ても驚くぐらい早かったです。このマスクを製造するというメッセージはとても慎重に考えられています。これまでつくったことのないものですし、クオリティの基準をクリアしていないと意味がありません。結果的にこの活動自体は世界的にもソーシャルメディアを通して発信されました。そのときのストーリーが、「靴をつくっていた工場で今日からマスクをつくります」というものでした。ニューバランスらしいし、売るためではなくて工場の近隣の病院に提供する、という目的に共感を呼ぶことができたのです。会社としてもすごく慎重でしたが、思いのほか反応がよかったので安心しました。ニューバランスがコミュニティを重視する文化を持っていたからこそ、できたのかもしれません。

河野：ああいう活動ができるブランドとそうでないブランド、今の世の中で明確に分かれているじゃないですか。「めちゃくちゃ格好いいな、ニューバランスって」と思いました。自分たちが社会に対して何ができるかという発信をしているブランドが、これからも生き残っていくのだろうなと思います。

ブランド全体を俯瞰で見たときに、ブランドのあり方は変わってくると思いますか？

鈴木：ＳＤＧｓを含む社会的責任やサステナビリティはトレンドっぽく聞こえてしまいますが、未来に生き残るための必要条件となり、それを満たしていない会社は今後生き残ることが難しくなるでしょう。

ただ発言するだけでなく、積極的に目的を意識して行動するブランドは、リーダーシップを取っていると社会に示せるわけです。スポーツブランドやアパレル業界だと、そのようなブランドはＤtoＣも含む新進のスタートアップ企業にも見られます。例えばオーガニック素材を使い、カーボンフリーを目指すシューズブランドのオールバーズがそうですね。もちろん社会的なインパクトは、よりスケールの大きい企業が取り組んでこそ、もたらせます。つまりスタートアップは小規模だからできるのだろう、といぶかしがられ、単なる差別化のマーケティングだと思われてしまう。このような大きなサステナビリティのような問題は近年、ニューバランスも含めて競合の垣根を越えて業界全体で満たすべき基準となりつつあります。

そのようなブランドの社会的意義やブランドパーパスに対する消費者の意識はどうかというと、調査などを見ても、欧米人や海外の若いミレニアル世代は買い物の際にもブランドにも同様のサステナブルな価値観を持っているかが選択のポイントになっています。それに対して、日本ではソーシャルグッド自体がブランドの好き嫌いにかかわること自体が少ない。日本の消費者は、商品の品質に対するこだわりが高いはずなので、気にしてないわけないのに、なぜなのだろうと思います。河野さんから見てどう思いますか？

河野：宗教的な背景の違いなのかなと思います。欧米はキリスト教圏で、ノブレス・オブリージュ（身分の高い人には果たすべき社会的責任と義務があるという道徳観）のような考えがとても明確にあるから、他者のために、世界のために、「神様は見ている」という感覚がベースにあるのかなと思うのですよ。受け取る側もそういう宗教観だから、賛同しやすいと思います。

日本の場合は、定量的なものをすごく求める傾向があると思います。「説明できなきゃだめだ」というような、ある側面では非常に合理性が求められる。日本人の場合だと、それを説明しきれないのだったらはじめから言わない、というような諦めが少しあるのかも、と思いました。最後に、これは言っておきたいという話があればぜひお聞きしたいです。

鈴木：個人的にはコロナ禍によって本当に考えさせられました。デジタル化やオンライン化が加速すれば、この危機でも事業を継続させられる可能性もあるし、逆に一気にアマゾンのようなデジタルの勝者が勝つ画一化された方向に向かう可能性もある。

特に後者のような事態になった場合、予想外の発見を与えられるようなブランドづくりが必要です。言い換えると、オフライン上の体験価値だったものをいかにデジタルとして情報化していくかがまだまだ求められている。デジタル化によってこれまで見えていなかったものが可視化されれば、リアルでの貴重な価値を持つ体験を持つものは失われずにすむ。例えば緊急事態宣言の解除後、出社して久しぶりにオフィスのそばの行きつけのラーメン屋を訪ねたら、「閉店しました」という店頭の張り紙。潰れる一歩手前だったら助ける方法がオンラインであったかもしれないのに。

そういう意味でデジタル化は、ひとつの画一化される悪いシステム化の波でもありつつ、使い方によっては多様性を維持し「体験」にしかなかった価値を救う手助けになるかもしれない。デジタルテクノロジーによるトランスフォーメーションの波を画一化や効率化の方法だけでなく、それを逆手にとってリアルとデジタルのハイブリッドの新しい価値を見出すような努力を、ブランドのみならず社会が健全になるためにも考えていくべきではないでしょうか。

6 BtoBのセールスコミュニケーションのあり方

PROFILE

黒澤 友貴（くろさわ・ともき）さん
1988年生まれ。ブランディングテクノロジー株式会社執行役員。7000人近くのマーケターが登録する学習コミュニティ「マーケティングトレース」を運営。日経COMEMOキーオピニオンリーダー。

オンラインを利用してコミュニティの可能性を広げる

河野：2020年を境にBtoBのセールスコミュニケーションはどう変わっていくと思いますか？

黒澤：これは実体験で大きく感じているのですが、BtoBの業態だと営業の役割が大きく変わるとこの1カ月で強く感じました。まず、当たり前ですが対面営業ができなくなっていますよね。当社はフィールドセールスが多くを占めている会社なんです。地方の中小企業も含めて対面でブランディングやマーケティングの重要性を説明して、ご発注いただくビジネス。しかし、それが一切できなくなっています。そうなったときに営業の役割がどう変わるのかというと、対面の前の段階が重要になっていると思います。事前に認知してもらうなど、自分たちの価値を、対面前にどう伝えるかが要となるので、そのためのコンテンツをつくれる営業や、自分の価値を言語化する能力に長けている営業でないと、なかなか活躍しにくい。そういう意味では、営業のあり方や求められるスキルセットなど、組織として営業という役職をどう位置づけるのか。この点が大きく変わると強く感じます。

河野：今に限らずですが、今後もし新型コロナウイルスの拡大が収まったときも気軽に対面というのは難しくなるのかと。

黒澤：もちろんリアルに会うことは可能にはなると思いますが、いろいろなBtoBのプロダクトがコンテンツを多く出し、オンライン商談を行っているので、恐らくそれが当たり前になるのではと思っています。だから、対面で会う価値を感じてもらえないと会ってもらえなくなるのではと思いますね。会う前の段階で価値を今まで以上に伝えないと、テレアポから接触機会をつくることはやりにくくなるでしょう。

河野：そうですよね。リアルで会うことに一定のハードルが設けられるというか。人間的なコミュニケーションゆえに、とても人間的な理解が必要になるということなんですかね。

黒澤：そうですね。今難しいなと思っているのは人の心理を理解することや、相手との信頼関係を築く力についてですね。そのスキルセットは意外と育成が難しい。これはSNSを有効活用できる人とできない人がいて、できる人は「本当にそれが好き」というように片づけられてしまうのに似ていると思います。今後やらなければいけないのは、それを言語化して、育成していくことです。もしかしたら組織のカルチャーにひもづけて育成していく必要があるかもしれません。組織としてお客さんとどう信頼関係を築くか、より深くかかわっていくことを、どのように「文化」として根づかせるかが重要だと考えています。

また、今まで、一人の営業が担当できる数や商談数は限られていました。しかし、オンライン化が進み、ウェビナーを開催できたり、コンテンツを用意できたりとなれば際限がなくなります。ウェビナーに数千人が参加して商談などがあり得るので、一人の本当に優秀で魅力的な人に、すべてのリードが集まるという状態になっていくのではないかと考えています。

河野：たぶん地道に積み上げなければいけない部分だと思うので、テクニックだったり、お金を出したりで追いつけるかというと、追いつけないのがまた難しい。

黒澤：そうだと思います。でもそういう意味では自分個人もそうですし、組織もそうだと思いますが、ブランドの資産をしっかり築くためのコンテンツを地道につくっていくことが重要と思います。それはすぐに成果が出るわけではないですが、それができる人や組織が生き残っていくのかなと感じました。そのブランド資産を積み重ねるには、明確なビジョンがあるとか、何か解決したい顧客課題が明確になっているとか、そういうものが必要だと思うので、改めて自分たちの存在価値が何なのか、目指しているものが何なのかを言語化することが大切になってくるのかなと思います。

河野：黒澤さんが運営する「マーケティングトレース」をもしリアルだけでやっているとしたら、見る人数も物理的に限られてしまうじゃないですか。でも、オンラインになるとこれからさらに10倍、100倍になってもできなくはない。そうなったときに、リアルの世界を見返してみるとすごい可能性があったんだなという。

黒澤：はい、それはすごく感じますね。リアルイベントを開催する価値はもちろんありましたが、オンラインサロンやFacebookコミュニティなどをつくって、地方の優秀な方とつながって一緒に仕掛けることができる。すごい可能性が広がりましたね。

河野：「マーケティングトレース」を拝見していて思ったのは、今後落ち着いてきたら、日本中から代表者を集めてリアルタイムでオンライン配信すると面白そうです。

黒澤：ああ、いいですね。47都道府県から一人ずつマーケターを選んで全員でトレースをするとか。今でも僕の中では、これだけインターネットが発展しても、都心と地方の情報格差やコミュニティ格差のようなものがあると感じています。東京に人が集中してしまって、地方にいると優良なコンテンツや最新のトレンドが入ってこないみたいですね。やはり地方のほうが課題を感じているようです。そのため地方コミュニティをつくることを強化したいと考えていて、大阪ではコミュニティを運営したり、福岡や北海道でもミートアップ（交流会）を開催していました。でも、物理的なことを考えると継続は難しい。これが、オンラインで一気に解決された状況はあるので、これを活かして次の仕掛けをやっていきたいなと考えています。

河野：例えば沖縄や北海道でリアルイベントを開こうと思っても、会場に赴くと考えたら継続が難しいじゃないですか。でも、オンラインで継続できれば――そこで、オンラインゆえにどういうことに気をつけているとか、逆に皆の距離感がなくなったがゆえにこうやろうと思っているとか、お考えを聞かせてください。

黒澤：サロンやコミュニティのメンバーとのコミュニケーションだと、今までは僕がフレームワークの使い方を教えるとか、何かプレゼンをしてそれで価値を感じてもらうといったことを意識していました。それが、オンラインだと一方的に情報を伝えるのは飽きられやすいし結構苦痛だと思うので、その人の関心があるものを引き出してアウトプットを早めにしてもらうとか、対話をするとか、そういうことを意識しないと関係が築けないと感じています。対面であればその人の表情を見ながら話せますが、僕はプレゼンしてコンテンツを提供するというよりは、その人が持っている課題感やコンテンツを引き出しながら一緒につくっていきたいと思います。ミートアップの進め方も、そういうところを意識してやっていますね。

河野：引き出す側に比重を置くという。

黒澤：そうですね。相手に問いを投げかけるといったことです。それを基に、発言してもらって対話をする。その時間を長く取ることを意識するようになりましたね。

河野：確かにオンラインのイベントや会議だと、ファシリテーションがとても大事だなと思います。ファシリテーションってきついですよね。

黒澤：そうなんですよね。今実験し始めているのは、オンラインのホワイトボードツールを使って、それぞれが思っていることを可視化していき、それに基づいて対話するやり方です。今までなら、スライドを用意して、それをひたすら説明していき、ワークをしていました。ファシリテーションしつつ、皆の思っていることを引き出しながら、ツールも使うというのは厳しさもあります。

河野：オンラインになったから、これは楽、よかったということはありますか？

黒澤：フィードバックしやすくなりました。今までは「マーケティングトレース」を使って一人ひとりがアウトプットしていますが、オフラインだと何のアウトプットをしているのか全部見切るのは難しかった。それがオンラインで全部可視化されるようになったので、それに対してのフィードバックを参加者同士がインタラクティブにやりとりしながらできるようになりました。ＳＮＳの世界みたいな感じですね。ｎ対ｎのようなやりとりをオンラインだと自然とできるなと感じています。

河野：そうですよね。インタラクティブ性には、リアルよりもオンラインのほうが合っていると思うときがあります。

黒澤：それはお互いに顔を合わせていないから言葉でフィードバックしたり、表情を大げさにしたり、そういうのはあるのかなとは思います。

河野：そうか。何か壁があったほうが実は伝わるっていうのはあるかもしれないですね。リアルで会えないと、お互い努力しますものね。

今回の事象を超えて、リアルやオンラインなどいろいろな可能性が出てきたじゃないですか。すごく漠然とした未来の話でいいんですが、今後それらはどういう形になっていくと思いますか？

黒澤：どうしていきたいか、という思いが強くなりますが、今までよりコミュニティの多様性が出てくる気がしていますし、そうしていきたいと思っています。例えば地方で子育てをしていて全くイベントに参加できなかったような方などが、オンラインのおかげで参加してくれるというようなことです。

また希望的観測ですが、「マーケティングトレース」を始めたのは、マーケティングリテラシーの地域格差が思っていたよりも大きいと感じ、もっと底上げしなければと思ったからです。地方の中小企業に勤めている総務の方や「ホームページ」の更新をしているような方に、マーケティング思考を持ってもらえたらと考えています。今までマーケティングにふれてこなかった方でも気軽に参加できるようにはなったと感じているので、超一流のマーケターや、地方企業で野心を持ってマーケティングを学び始めている人など、多様な人が集まってオンラインならではのインタラクティブなコミュニケーションをしながら、全体がレベルアップしていく状態をつくりたい。一部の意識高い系だけが集まるようなコミュニティにはしたくなくて、コミュニティに多様性を出したいということです。

河野：もともとやろうと思われていたことというのは、この状況がなかったとしても、将来的にはやりたいなと思われていた。本来、この影響がなかったら5年くらいはかかっていたかもしれないのが、ギュッと手前にずれたイメージですよね。

黒澤：そうです。最近の参加者を見ていても、「この感じだったらいけるかも」とちょっと思っています。

河野：今この状況下において、黒澤さんはもともとやりたかったことが後押しされて加速していると思うのですが、今の世の中を見ていてマーケターはもっとこうすべきだとか、こういうことができるんじゃないかと思われることは何かありますか？

黒澤：これはずっと言い続けているんですが、これからより一層マーケターには、共感されるコンセプトをつくるとか、皆がついていきたいと思えるビジョンを描くとか、そういう力が重要になるのではないかと思っています。新型コロナウイルスの影響で皆不安がすごく大きくなっている。そのときに「このブランドであれば、何か一緒に自分もつくりたい」と思うとか、「この人だったらついていきたい」「この人が言っていることならついていきたい」と思えるとか。その上で戦略や戦術レベルの話になっていくのかなと思います。そういう意味では、少し抽象的ですが、コンセプトをつくる力やビジョンをつくる力が一層求められてくるのではないでしょうか。

河野：人間を深く理解する力のようなものですね。本当に修練を積み重ねていかないといけないので、哲学的な思考や世界を俯瞰で見られる能力が必要になりそうです。恐らくそれが、仰るようなＣＭＯクラスを目指すときに考えなければいけない、人間としての能力になってくるのでしょうね。

黒澤：俯瞰的に物事を見るとか、本質に立ち戻って考えることは、思考習慣の問題だろうと思います。急にやれと言われてできるものではない。「マーケティングトレース」では、成功している企業の本質は何か、成果を収めているブランドはどういう戦略の構造をしているかを考えることをトレーニングの型に落としています。俯瞰的に見る、本質を理解するという思考習慣をつくり、仕事にも活かすことができるとよい変化が生まれるのではと思っています。簡単に身につくものではないと思いますが。

河野：この2020年を境界線に、ここから先の未来は地方や大学生などが、もしかしたら新しいブランディングやマーケティングをいち早く理解して、本質を求めて世界を変えていく可能性があるかもしれないですね。

黒澤：そうですね。今の若い世代はすごく内省する機会が多いんですよね。「社会をこうしたい」という考えを持っている人は確実に自分たちの世代より多い印象があります。そこにマーケティングのスキルと考え方が身につけば、確実にインパクトのある動きを生むことができるだろうと思います。

7 リアルでの体験をオンラインで実装する重要性

PROFILE

長瀬次英（ながせ・つぐひで）さん
1976年京都生まれ、中央大学卒。インスタグラム日本事業責任者、日本ロレアルのCDO、株式会社LDH JAPANのCDO等を担い、この10月に自身の会社PENCIL&PAPER株式会社とVisionary Solutions株式会社を立ち上げた。同時にブランディングビジネスで有名な柴田陽子事務所にてCSO（最高戦略責任者）、アパレルブランド「BORDERS at BALCONY」CEO等を歴任。真のパラレルキャリアを実践している。登壇しているセミナー等は数多く、史上初2年連続アド・テック東京（2017&18）で「#1スピーカー」を受賞。ほかにも2018年1月に「Japan CDO of The Year 2017」を受賞。Forbes・Japan（2017年12月号）にて「カリスマCxO」の一人として特集される。常に、新しく時代に合ったビジネスモデルの構築とサラリーマンの無限の可能性を模索している。

顧客がオフラインでどんな体験を求めていたかを把握する

河野：2020年を境界線として、前と後で消費活動は根本的に変わると思いますか？

長瀬：だいぶ変わると思います。より一層リアルと同じぐらいの体験をオンラインで求めることになると思いますね。例えば、リモートワークに慣れてくると、いろいろな概念が変わると思います。「そもそも会社はなくてもいい」と思うような。

オフィスがあれば会社というわけではなく、離れていても社長がいて、役職が体系化されていて、自分の仕事が割り振られていたら、もうそれが会社なんだと理解できる。それは生活や生き方も同じだと思います。

ここ最近、オンラインでいろいろなものを買っている方も多いと思いますが、たぶん今のオンラインのサービスのクオリティでは満足しなくなる。さらにサービスを充実させる必要が出てくるのでは。それをどう充実させるかというと、オンラインのお客さんが求めているリアルでのサービスをどれだけ実装できるかが鍵になりますね。

例えば僕が携わらせてもらっているアパレルのビジネスだと、従来は展示会を開いて、バイヤーやＶＩＰを呼んでいたのですが、今はそれができない。仲のいい特別な顧客を呼んで、新しいコレクションを見せて、オーダーを入れてもらう。そういうことを百貨店に対してもやるのですが、個人ベースではそれができません。そこで、このコロナ禍の状況もあって、オンラインサロンのような展示会をやってみようと考えたんです。しかし、そういうオンライン展示会なるものに強い人と話をしても、思い描いたような展示会に仕上がらない。展示会の本質がわかっていないんじゃないかと。

当社の接客スタッフはものすごくしゃべるんです。お客さまから出てくる質問にすぐに答える。「どういうふうに着るの？」とか「何と合わせればいいかしら？」という質問にすぐに返答して、お客さまにその服のポテンシャルを感じてもらう。「割に合うな」とか「こういう機能でこういう素材を使っていたらそれは7万円だよね、じゃあ1着買う」というやりとり自体がすでに価値だと思いますし、お客さまはそういうやりとりにお金を払っていると思います。いわゆるオンラインのチャットやメールでの質問受付とは違う。

某ラグジュアリーブランドだったら、お得意さまにシャンパンを出して、上顧客だったら2階に通して、自分の好みに合った服がクローゼットから出てきて、シャンパンを飲みながら選べる。今後はこういったリアルなオンラインサービスが求められると思っています。オフラインでもリアルさや、本質というところに価値を置き始める動きが出てくるでしょう。

河野：確かに、今だと仕方なくやっている感じもあると思いますが、この状況がある程度落ち着いて、便利だからオンラインでいろいろやろうと思ったときに、デジタルはある意味、合理的すぎたと感じることはあるかもしれませんね。

長瀬：個人のデータベースというか、本当に接客していた情報を拾い切れていなかったと思います。対面サービスのカルテとか、今日のお客さまは何時に来られて、ちょっとご機嫌斜めだとか、仕事がうまくいかなかっただとかといった情報が集まってくると、サービスもそれに沿って変えられる。オンラインでも同じように、「最近の調子はどうですか？」というところからチャットが始まって、展示会でも買い物でも、対応できるようになったら。人間味があったほうがいいんですよね。

会って話すときのリアルさをオンラインで再現するためには、顧客と個別に話したデータのようなものからつくっていくしかないと思います。ビジネスだからお金を払ってくれる人に割く時間が増えるのは仕方ないのですが、オンラインがあったらその接客が均等にできる可能性もある。そういったビジネスチャンスがあるというのが本質ですね。上質な顧客サービスがベースとなるマーケットが今後出てくるんじゃないかと感じています。そのほうが人間としていいなと思います。特に日本人はそもそもEC化率が低いし、リアルが好きだし、キャッシュが好きだし。

河野：今回さまざまな方に話を聞いて思ったのは、今まで無駄だと言われてきたことには、実は価値があったということです。例えば、ある高級和食店では、今までカウンターにお客を入れて料理を出していたので、今回の影響でテイクアウトでもやらないとお店がつぶれちゃうと言っていて。でも、「テイクアウトだと自分の店は何の価値があるんだろう」「こんな高い値段では買ってくれないし」と話されていました。僕からは「お客さまに来店日を決めてもらって、『○月○日○○にWeb会議ツールにログインしてください。そうしたらテイクアウトで買っていただいた料理をもう一度目の前でつくるので、それを一品ずつ食べてください』というイベントをやったらどうですか」と話しました。正直とても無駄だと思ったのですが、「無駄」の中には感情がある。そういうことを考えるいい機会になったと思います。

長瀬：さっきの話とは逆になるのですが、物事が整理、淘汰されていって、より洗練されたビジネスモデルが残る気がしています。古い価値観の古いフレームワークの中で、古いビジネスモデル、古い価格構造の中でやっていたからうまくいかないというのはこれで証明された。

特にECはすごいインパクトがあると思います。EC上の展示会って面倒なイメージが先行してあまり使いたくない風潮があると思うんですが、僕と同じような不満を抱えている人はきっと100人ぐらいはいると思います。そういう不満に応えることができれば、その100人に広まっていく気がするし、その逆もまた然り。大きな社会実験として変わっていくとしたらECだろうなという気がしますね。

河野：現状のECは顧客を満足させるものになっていなくて、それを満たすためには、リアルの接客の価値を知っていることが大事ということを伺いました。オンラインを推進する人間は、「こういうことをもっとやっていったほうがいい」とか、「こういうチャレンジをすべき」という点はありますか?

長瀬：シンプルに現場に立って、お客さまに会い、お客さまになるしかないと思います。もし僕がECや、デジタル上のブランディングを担う立場だったとしたら、まずお客さまに成り代わって各店舗へ行き、どういうサービスを提供したり、どういう接客をしたりしているのかというのを体験します。

するると、雰囲気を楽しみたい人が多いから、買い物と全然関係ない話が6割くらいになっている、といったことがわかります。「これいいわね、でも、そういえば家にもこういうのがあったわ」というような、スタッフがさして聞きたくないような話ばかり。でも、それが大事だと思います。それがオンラインだとリアルタイムでできないし、チャットでもちょっと違うと感じています。

お客さまの心がちゃんと開いている状態は現場で出ているはずだから、それをどうすればオンラインに持っていけるかが重要です。オンラインでビジネスをやりたい方は、目の前にいるお客さまが今までどんな体験を求めていたかを把握していないと、万が一オンライン１００％の買い物社会になったときに、ペラペラな買い物を提供し続けることになりかねません。オフラインの買い物の楽しみ方を現場で学び、それをどうオンラインにのせるかにフォーカスしていかないと、どんどん楽しくなくなっちゃうんじゃないかな。

その経験値があるから、今まできちんとお客さまを大事に接客してきたラグジュアリーブランドは今後強くなると思います。頭から「オンラインでしかビジネスしない」と考えると弱くなる。オンラインで買えるものしか売れなくなります。価格帯や機能がわかりやすいだけで。

河野：この状況下ですごくデジタルに寄ったけれど、結果的には人間同士のやりとりに価値を感じるということですね。この２０２０年を境に今後ブランドはどうなってくるのか、またどうあるべきだと思いますか？

長瀬：ブランドというのは、限られたお客さまだけを大事にするビジネスの形だと思います。ラグジュアリーブランドがイメージしやすいので例に出しますが、地球上の全員に来てもらう必要はありません。一生懸命広告を打っても、本当にターゲットとしている人は、20歳代から30歳代の女性、その中でも年収が2000万円以上…となるとそんな人は国内でほんのわずかしかいないんですよね。その顧客リストをつくるのはそんなに難しくない。中には一見（いちげん）さんもいると思いますが、この方たちだけで成り立つビジネスモデルに変えて生きていくのだろうと考えられます。今わかっているお客さまをどう大切にするか、というところで競争が激化するかもしれないと思います。大事なお客さまのシェア争いですね。取り合いされる側は、すごく気持ちいいはずです。

河野：ある意味、商売の原点といえば原点なんですよね。

長瀬：そう、商売の原点です。今はどこかの商店街の八百屋さんが全国展開して、世界中の人たちに食べてもらいたいと思って活動しているような感じですね。オンラインでもローカル感を出す。どこまででもデリバリーできるというポイントよりは、オンラインも近くの人だけが買えて、いざとなればリアルで会えるとか、そういうスモールコミュニティとかローカライズされた地域密着型とか、すべてが結びついてくると思います。消費者側も、自分はどこに属すべきか、どこに属していきたいかという視点で就職を考えたり、キャリアを考えたりしていくと思います。

第５章

DtoC After 2020

After2020のDtoCはどうなっていくのでしょうか。この状況の中で、ブランドとしてどのように歩んでいけばいいのか、2020年以降のブランド体験の変化と合わせて、一緒に見ていきましょう。

1 顧客とのダイレクトなコミュニケーションを元に進化し続ける

DtoCは2020年以前のブランドビジネスにおける、新たな可能性の原石だった

第1章で述べたように、DtoCという形態はブランドビジネスに新たな可能性を示しました。特に北米では、SNSの活用とEコマースプラットフォーム「ショッピファイ（Shopify）」の成長も相まって、ビジネスとして大きな成長を遂げました。しかし、DtoCは決して「魔法」ではなく、今までのブランドビジネスの延長線上にあるものだと私たちは考えます。

長年多くの先駆者によって考えられてきた「ブランディング」や「ブランドマーケティングコミュニケーション」に、近年のスタートアップに見られる効率的な思考方法や戦略がミックスされ、DtoCはミレニアル世代から大きな共感を獲得しました。しかし、

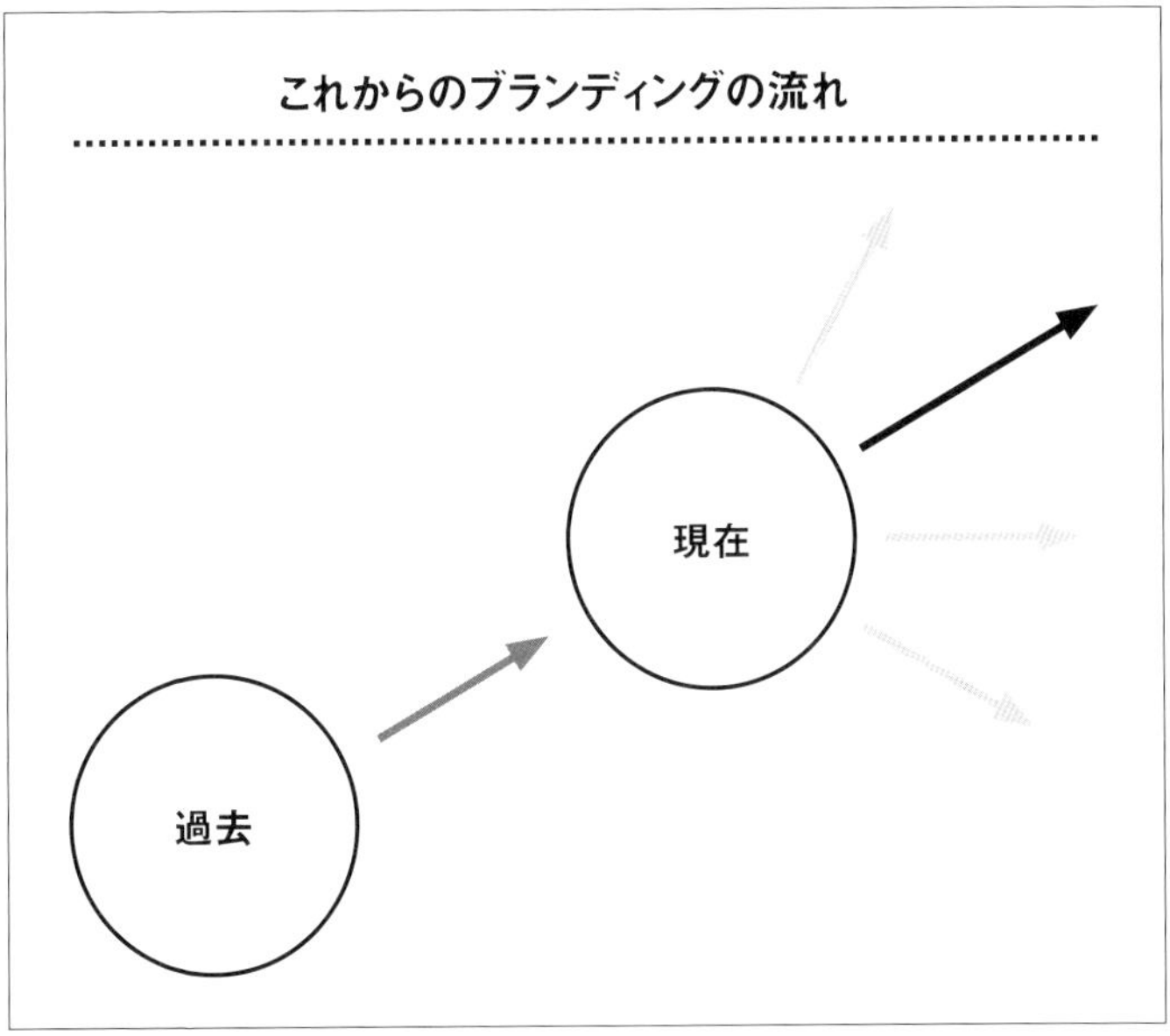

図　これからのブランディングの流れ

これらは未だに単なる原石でしかありません。ＤtoＣの挑戦者たちはさまざまな模索を繰り返しながら、検証を進めているのです。

第2章では、それらの根源である「過去から続くブランディングの考え方」についてを振り返り、第3章では、ＤtoＣが実践してきた企業としてのチャレンジや組織のあり方、ＯＭＯとＤtoＣの重要な関係性について記述しました。そして第4章では、２０２０年を境に発生した価値の変革と、「そのとき何が起こったか」「そのとき先駆者たちは何を思ったのか?」を記述してきました。ＤtoＣも少なからず、この「コロナ禍」の影響を受けています。これは、オンライン偏重をよしとせず、リアルなコミュニケーションこそがＤtoＣにおいて強みとなる、という、ここ最近のトレンドに大きく影を落としています。

しかし、だからといってＤtoＣを単純なＥＣ専業に戻すべきかというとそうではありません。ＤtoＣは発展途上であったからこそ、ダメージを最小限に抑えられており、After 2020の新たなブランドビジネスの雛形になる可能性があるのです。すでに北米では、ＤtoＣの新しいチャレンジ、提言が始まっています。

大切なことは、ＤtoＣは「直接、販売する」から「Ｄ（ダイレクト）」なのではなく、顧客とのコミュニケーションが「D（ダイレクト）」であることが最も重要なのです。

2 「ポスト2020」DtoCの提言

「ポスト2020」でこそ活きる「リアル店舗の接客に携わっていた人材」

2020年以降では、リアル店舗のスタッフ（特にアパレル業界）のデジタルへのコンバートも重要になります。リアル店舗のスタッフの接客能力をデジタルに統合することが、真の意味でのOMOとなり得ます。

世界の常識が強制的に塗り替えられたAfter 2020では、アナログコミュニケーションに精通したデジタルネイティブ世代が非常に大きな力となってくれるでしょう。これはBefore 2020の世界におけるDtoCから学び取れます。

ポスト2020におけるECとリアルの意味

ＥＣとリアルの関係性は、２０２０年を境に一気に溶け合っていきます。ただし、これはシステムのオムニチャネル化が進むのではなく、顧客側の意識が「オムニチャネル化」することに起因します。特にＤtoＣにおいては、いかに意識せずにそれぞれのメリットを享受できる体制を構築できるかが勝負です。

ＥコマースのＳａａＳサービスでは、それらを安価でかつ素早く実現できるサービスを提供しています。ＥＣとリアルは、つながっている次元を超え、溶け合っている必要があるのです。そのためには、それらが多大なリソースを使うことなく、最初から実現できる必要があります。ＤtoＣブランドを立ち上げることはそれらの実地試験にもなり得るのです。

心にダイレクトに響く「シンボリック・エクスペリエンス」

伝えることや語り口の重要性を認識し、世界観の構築に力を注ぐＤtoＣブランドは、消費者へダイレクトにメッセージを届ける点において優れた潜在能力を備えていることはおわかりいただけたと思います。また一方で、ミレニアル世代を中心とする消費者たちも、購買意思を決定する際、単にインスタントな利便性やプロダクトの機能性を求めているわけではないことも明らかになりました。

よく引き合いに出される事例として、ｉＰｈｏｎｅの存在を考えてみましょう。ｉＰｈｏｎｅにはご承知のとおり、取扱説明書をはじめ、使用に関するガイドブックは一切付属されていません。しかし、本体にはＯＳとアプリが内蔵されており、要領を得ないままでもなんらかの操作をすることでユーザーはｉＰｈｏｎｅを「体験」し、その時点からブランドとの関係が構築され始めます。また友人などにその使用方法や便利なアプリを聞いたり、情報交換することも含めて、ブランドとの豊かな物語や時間軸が開かれていくことになります。

ユーザーが使用開始時に与えられるのは簡易的な初期設定の案内のみですが、誰ひとりそのことに不平不満を述べる人はいません。これは、以前までの家電製品では考えられなかった革新的なアプローチです。その点で、アップルは商品と顧客とのファーストコンタクトの段階から「ブランド体験」が革新的なものとなるように熟慮し、設計していたことが考えられます。

こうした巧みなブランド構築が、アップルやｉＰｈｏｎｅに無数のエバンジェリスト（布教・伝道者）を生み出していくことにもつながったと言えます。このような顧客の信頼は、ブランドや企業の大きさや伝統にひもづいて生まれるものでは決してなく、顧客が求める体験や感動を提供してくれるブランドにこそ寄せられるものなのです。

このような流れの一方で、オンラインのサービス提供が当たり前となったＩＴ社会では、あらゆるプロセスが極小化され、ワンクリックで欲求を満たすことが必要とされています。限られた時間と氾濫する情報がせめぎ合う中、いかに「楽に、簡単に、短時間で」情報をゲットできるかが最重要視されます。その結果、感性にダイレクトに響き、かつインスタントに心理的欲求を満たせる体験が求められるようになり、そうした体験を象徴するものがＳＮＳの「いいね」ボタンだったと言えるでしょう。ＤｔｏＣのビジネスモデルはこうした体験設計において、既存のモデルとは比較にならないほど練りこまれ、優位性を持つものです。「ビジネスのコアと結びつき、人々の感性にダイレクトに働きかけるブランドならではの体験」を、私たちフラクタは「シンボリック・エクスペリエンス」と呼んでいます。

After 2020の世界においては、今まで以上に感性にダイレクトに働きかけることや心理的な欲求が満たせること、心に響き深く刻まれる体験を提供すること＝「シンボリック・エクスペリエンス」が強く求められることは間違いありません。また、その設計においては先に述べたように、ナラティブのテクニックを用いたブランディングによる価値設計が不可欠なものとなります。

仮にその本質を見誤り、インパクトのあるメッセージ発信やインスタントなレスポンスばかりを意識してしまうと、女優やモデルなどのインフルエンサーを使用するといった既存ブランドの手法の域を出ず、失敗に陥ることになります。

もちろん、顧客を「シンボリック・エクスペリエンス」へと導くアプローチの一環として、インフルエンサーを活用することを否定しているわけではありません。ただD to Cにおいては、モデルや女優などをイメージキャラクターとして展開するのではなく、いわゆる「アンバサダー」と呼ばれるパーソナリティの活用が多く見受けられます。「アンバサダー」とは単なるコミュニケーションのためのイメージアイコンではなく、実際にブランドのファンであり、ブランドからのメッセージをともに発信してくれるコミュニティの代表を意味します。

「アンバサダー」の起用は、小資本型ＤtoＣによる資金上の制約からだけではなく、広告臭さや嘘っぽさを排除するという意味で、ブランド認知のクオリティやコミュニティへのロイヤルティー（忠誠度）にこだわった選択と言えます。たとえフォロワー数では見劣りがしても、ブランドを愛してくれるファンをコミュニティ化していくほうが、離脱率も含め優良な認知を見込めることが明白だからです。

これらを踏まえると、ＤtoＣブランドのブランド体験においては、常に顧客やファンの視点に立ったブランディング設計が重要であることがわかります。ミレニアル世代のライフスタイルにジャストフィットするプロダクトを考えた革新的なマットレスブランドのキャスパーのように、消費者の体験から逆算したプロダクトを提供するビジネスモデルも、ある意味「シンボリック・エクスペリエンス」の典型的な成功例と言えるものです。

キャスパーは、顧客体験からのプロダクト発想に留まらず、睡眠データをトラッキングすることができるモニターユーザーが1万5000人も存在し、顧客のコミュニティ化とそのフィードバックによって快適な睡眠体験そのものを提供している点においても、DtoCブランディングの模範的な例だと思います。

3 ブランド体験はエンターテイメント化へ

「伝える」ことの重要さ

ＤtoＣは、ブランド、そして大切にしていることを「伝える」能力に長けていました。サステナビリティやＳＤＧｓなど、さまざまなキーワードがありますが、それらはすべて「思想」の先にたどり着くひとつの例であり、ブランドとしての「文化」をどのように伝えるかが必要です。

今までは「商品の機能」と「スペック」を訴えれば売れました。しかしこれからは違います。それを使って得られる未来も併せて表現しなければなりません。

ｉＰｈｏｎｅには説明書がありません。すなわちほとんどの人が同じようにｉＰｈｏｎｅを使いこなし、ｉＰｈｏｎｅの恩恵を得ることができるのです。そのようなユーザーインターフェイス（ＵＩ）や、体験を提供できるように思考し、実装する必要があります。そのためにＵＩデザインや、ユーザーエクスペリエンス（ＵＸ）の設計があるのです。

心に残る「シンボリック・エスクペリエンス」の構築方法

顧客とのダイレクトな関係は、顧客に還元する価値が「商品」だけではなく「象徴的な体験（シンボリック・エクスペリエンス）」となります。顧客は商品を買う以上に、体験を買っているのです。この「シンボリック・エクスペリエンス」は顧客体験の全体を示し、オンラインとオフラインの境界線なく、初めて商品やブランドと出会ったときから、購入して一定の時間が経った後までの時間が含まれます。その設計にはブランディングを経た価値設計が必要不可欠です。

では、「シンボリック・エクスペリエンス」は、どのようにつくればよいのでしょうか？「シンボリック・エクスペリエンス」を構築するには、「顧客の感情設計図」をつくります。私たちはこの感情設計図を「エモーション・エンジン」とも呼んでいます。感情設計図は、ブランドと初めて出会ってから、購入し、そして実際に使用、その後使い続けてもらう中で、顧客が、どのような感情を持つか。映画のストーリーを組み立てるように設計します。

ブランドの体験は、どうしても一方的になりがちです。「こんなふうに思ってもらいたい」「こう感じてほしい」。結果、ストーリーを押しつけたり、不必要な情報の大量なインプットを強いることになりがちです。

実店舗での接客のように、顧客の反応を見てコミュニケーションを変えることができればベストなのですが、オンラインにおいてはなかなか顧客の顔は見えづらく、実際にどう思っているのかは感じ取れないものです。そこで、身近な人や自分自身、または仕事の仲間、上司、すでに買っていただいている顧客など、さまざまな人のカスタマージャーニーを知り、心の動きを知ることが大切です。それらを感情設計図にプロットし、実際にどんな体験をしてくれているのか、どんな体験を求めているのか、どんな体験をしてほしいかを重ね合わせていきます。そうすることで顧客に提供すべき体験で歯抜けになっている箇所や、コミュニケーションが間延びしている箇所がわかり、体験の順番を大胆に入れ替えたり、感情がずっと動いていく構成にしたりすることができるようになります。

そして、その感情の極大点に「商品が手元に届き、実際に使う瞬間」をあてていきます。

この一連の体験設計をすることで、顧客に「シンボリック・エクスペリエンス」を届けることができるのです。

これらの感情変動を発生させる手段はたくさんあります。クリエイティブはもちろんのこと、接客や香り、味や音楽、肌触りなどの感触……五感を刺激するものであれば、なおさら印象的になっていきます。これらの体験を、オンライン・オフライン地続きで設計することが重要です。設計というと難しく考えがちですが、顧客の心理状態を想像し、どうすれば喜んでもらえるのか、どうすればもっとブランドを好きになってくれるのか、相手の立場に立って考え抜くことです。

これは商売の原点であり、情報が錯綜し、あふれ返ったこの2020年において、お金をかけず、すぐにでもできる、最大の差別化要素と言えるでしょう。

	共有	参加	継続的接触
	帰宅後	店舗・ブランドサイト	自宅や空き時間に
	同僚・スマホ・PC	店舗・スマホ・PC	スマホ・PC
	SNSや知人の口コミ	店舗・ECサイト	メルマガ等

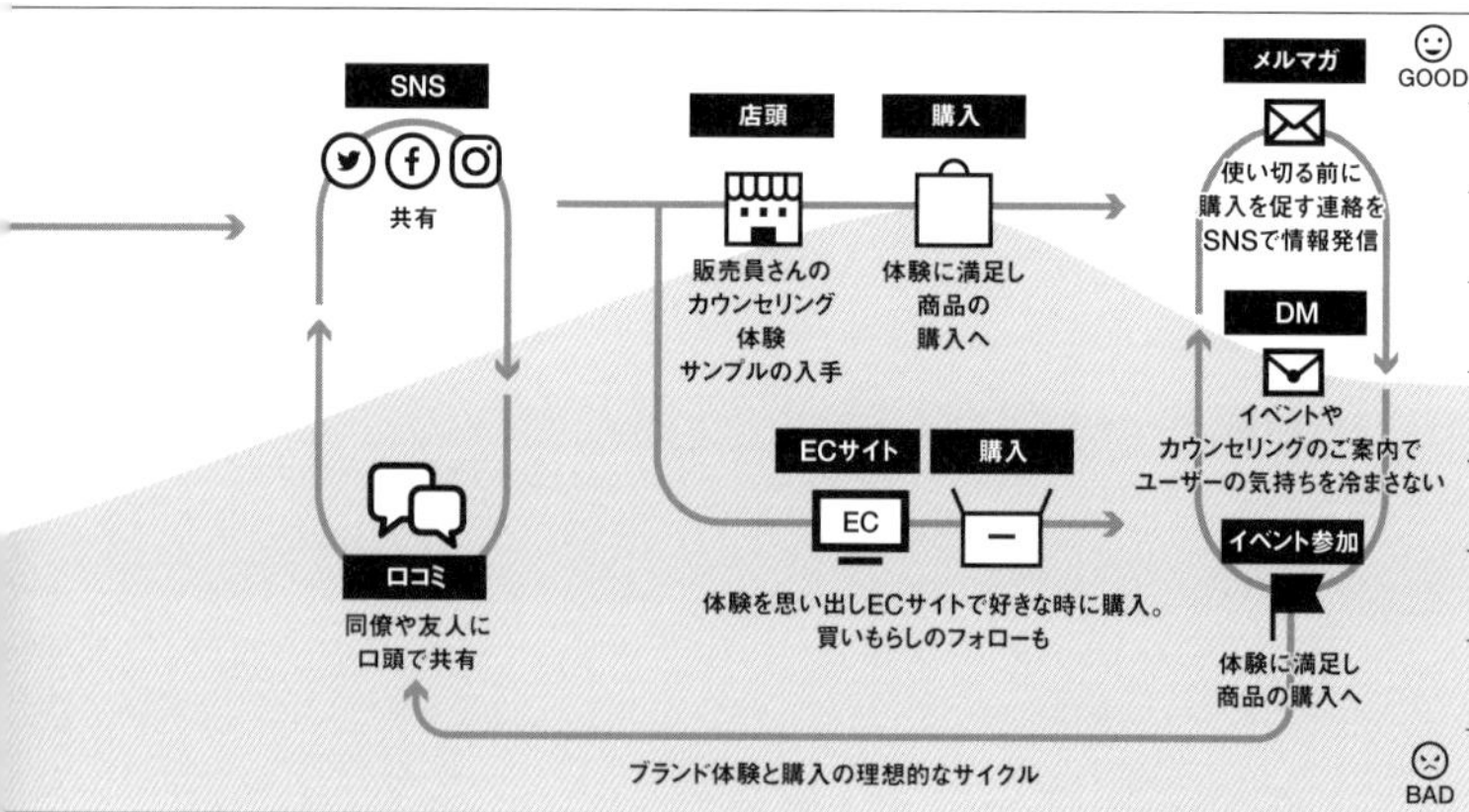

	面白いことをやっているブランドだな。 みんなに知らせてあげよう!! 評判もいいみたいだし体験したいな。 サンプルをもらいに行ってみようかな。	効果が実感できた!! 商品を購入しよう。 素晴らしい体験をした。 試しに一つ購入してみよう。	ちょうどなくなる頃に お知らせが来た。気が利いている。 このブランドの別の商品も気になる。 面白いイベントをやっているな。 自分も参加してみようかな。

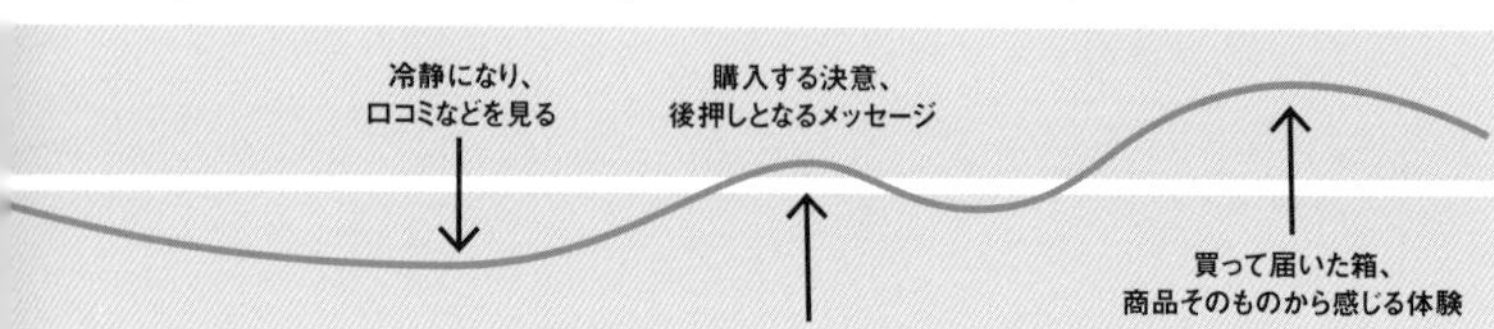

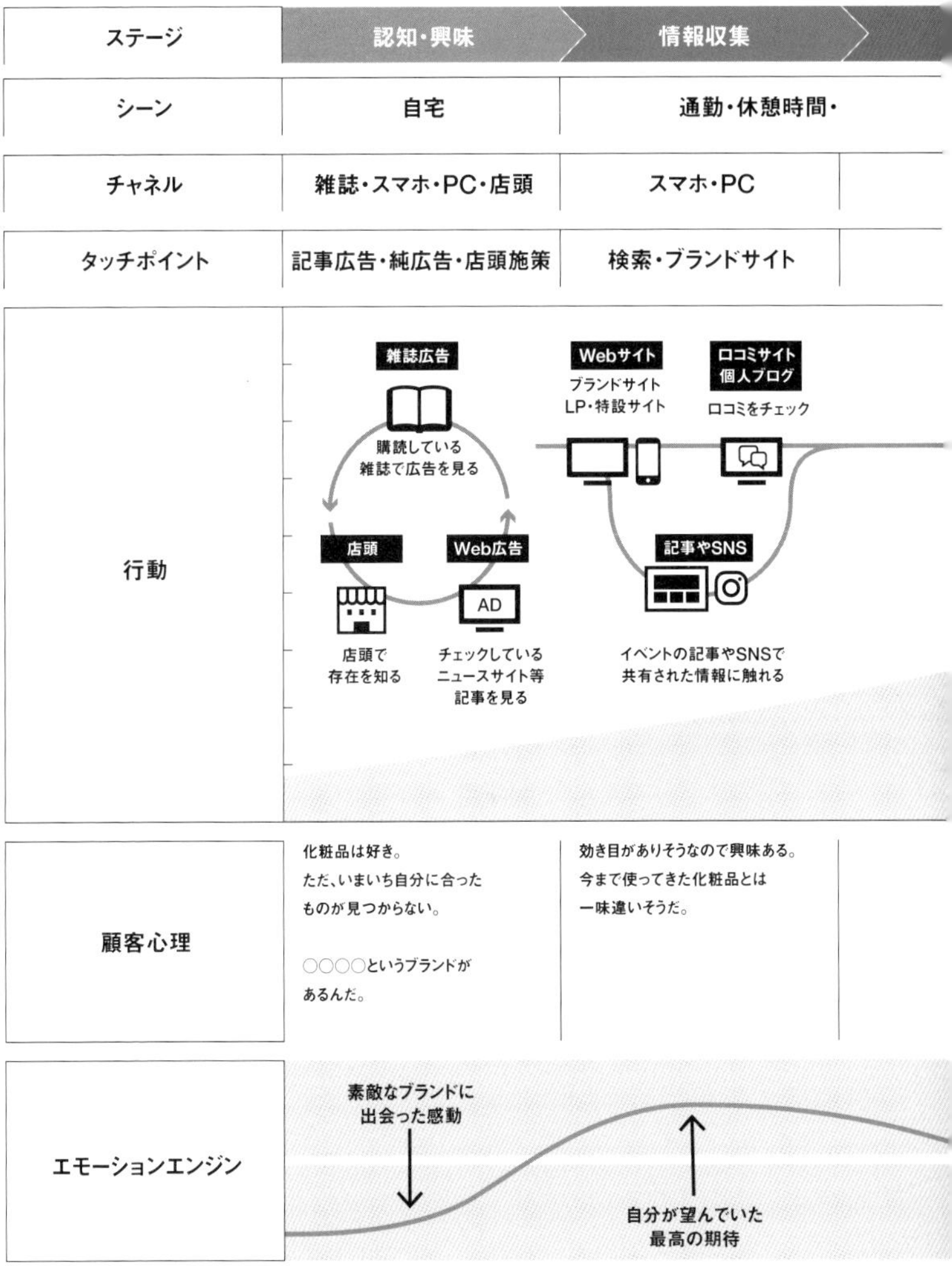

ステージ
認知・興味
情報収集
シーン
自宅
通勤・休憩時間・
チャネル
雑誌・スマホ・PC・店頭
スマホ・PC
タッチポイント
記事広告・純広告・店頭施策
検索・ブランドサイト
行動
雑誌広告
購読している
雑誌で広告を見る
店頭
店頭で
存在を知る
Web広告
AD
チェックしている
ニュースサイト等
記事を見る
Webサイト
ブランドサイト
LP・特設サイト
ロコミサイト
個人ブログ
ロコミをチェック
記事やSNS
イベントの記事やSNSで
共有された情報に触れる
顧客心理
化粧品は好き。
ただ、いまいち自分に合った
ものが見つからない。
○○○○というブランドが
あるんだ。
効き目がありそうなので興味ある。
今まで使ってきた化粧品とは
一味違いそうだ。
エモーションエンジン
素敵なブランドに
出会った感動
自分が望んでいた
最高の期待

図　エモーションエンジン見本

ポスト2020・デジタルネイティブブランディングを、恐れず、明日から始めよう

今後、AIやIoT、5Gなどの普及で、日本政府は「ソサエティ5・0」の実現を掲げています。「ソサエティ5・0で実現する社会は、IoT(Internet of Things)ですべての人とモノがつながり、さまざまな知識や情報が共有され、今までにない新たな価値を生み出す」ことで、少子高齢化や地方の過疎化、貧富の格差などの課題を克服していくことを目的としています。つまり、IoTで社会全体が接続され、多種多様なデータが流通していく可能性を思い描いていたということです。これらは2020年の境界線を経ても、形を変えながら不可逆的に加速していくことになるでしょう。

恐らくしばらくの間、リアルでの移動が制限される中で、データの流通量と適用範囲が幾何級数的に拡大していくとき、一般の生活者もデータをより身近なものとしてもっと考えるようになるのではないでしょうか？　結果訪れる未来は、信頼が何よりも不可欠になります。

今後は、個人情報保護法の改正によって、個人が企業に自分のデータ利用をやめさせる「使わせない権利（利用停止権）」を行使できるようになります。結果、生活者や顧客、あるいはユーザーに「よりよい体験」を提供する必要が増すことになります。うんざりするようなリターゲティング広告や、本人の許諾も取らずに行動データを販売するのは裏切り行為に等しく、「よいユーザー体験」とは言い難いのです。奇しくも、コロナ禍によって社会的にオンライン移行が進みました。そして今後施行される改正個人情報保護法によって、個人データの主導権が利用者へ移っていきます。

デジタルとは、ツール（道具）でしかありません。優れたデジタルマーケターやエンジニアは皆、何か特殊なテクニックを使っているわけではなく、日々の鍛錬や調査、仮説検証を地道に繰り返しています。つまり、アナログの世界とやっていることは変わらないのです。それらを「道具」と割り切り、恐れず、適切に使う。そしてブランドの価値において「何を使うべきか」を冷静に見られることが今後さらに重要です。２０２０年以前のＤtoＣは「アナログ」な側面と「デジタル」の側面両方を使いこなしていました。リアルなコミュニケーションも、とても大切にしていたのです。

しかし２０２０年、世界の常識は大きく変わりました。リアルなコミュニケーションは一部のものに限られ、人々はより「信頼できる」「こころのつながり」を大切に考えるようになったのです。今までのテクニック的なやり方でなく、商売の本質から考える。つまり、コミュニケーション自体を再設計することが求められています。

データや知識だけではダメな世界。アインシュタインが言うように、「想像力は、知識よりも重要」。ポスト2020は、ユーザー体験全体を俯瞰できる想像力を研ぎ澄まし、ブランドならではの「シンボリック・エスクペリエンス」を思考する力が必要不可欠になってくるでしょう。

あとがき

2020年4月、ちょうど本書の原稿に目を通している最中、世界では新型コロナウイルスが猛威を振るいはじめていました。今後10年かけてやってくるであろうと想定していた未来が、不確実性とともにすぐ目の前に迫ってきていることを強く感じました。いずれ新型コロナウイルスが収束しても、変わった常識は戻らないでしょう。あらゆる場面で新しい世界に急速に対応していくトランスフォーメーションが求められる。そんな中、私はこの書籍を「まとめなおす」ことを考えはじめました。

この書籍は私を含め、複数のメンバーが執筆に携わっています。もともとのメッセージを修正するべきなのか悩みましたが、このまま出したところで、この激動する世界において、この本は読者の方々に価値を届けられるのか、そして現状の内容のまま、フラクタという名のもと、世に出すべきなのか。思い悩んだ末、私は関係者にこう伝えました。

「大変な状態に置かれている人たちがいる中で、少しでもブランドの未来を指し示せる、未来に向かって歩むきっかけになりうる本にしよう。そのためにたとえすべてをやりなおすことになってもなすべきことをしよう」

このような思いを一旦伝えると、執筆スタッフは快諾し、すぐに原稿の修正に取りかかってくれました。普段はなかなか感謝の言葉を十分には伝えきれていませんが、この場を借りて感謝の言葉を伝えたいと思います。また、宣伝会議の編集の方々、何度もやりとりをしてくれた営業担当の方々、そして大変お忙しい中、「After 2020」というテーマでお話をお聞かせいただいた、大先輩、大親友、盟友、同志の皆様にも、改めて心から感謝を申し上げます。

株式会社フラクタ 代表取締役 河野貴伸

本著はいまブランドを実際に動かしている当事者、またはこれからブランドをつくっていく方や、ブランドに携わっていく方を対象に、2020年以降の世界において、「生き残っていくにはどうしたらよいかを考える」きっかけを生み出すことを目的としています。

まったく新しい世界、まったく新しい価値観の世界の中で、セオリーなどは存在しません。しかし歴史から学び、先人たちの知恵から学び、共に未来を予想し「考える」ことはできると私たちは強く思っています。「考える」ことは当たり前じゃないか、という方もいるでしょう。ですが、現代において、本当に「考える」時間、「考える」きっかけは十分に得られているのでしょうか？　情報が大量に飛び交う中、それらを逐一拾い、処理することで日々のほとんどの時間を取られてしまっているのではないでしょうか。ましてやこの2020年という境界線から先は、もはや「何をどうすればいいのかわからない」と思われる方が多いのではないでしょうか。

私たちはその状態こそ、逆にチャンスだと考えています。情報をただ追い続けて手一杯になる戦いは終わり、新たな価値観の世界では、一度立ち止まり、新たな「思考」をすることを求められる時代がやってくるのだと強く感じます。

もし本著を読んで、さらにブランドというものを知りたくなったら、すでに世の中にはあらゆる「ブランディング」を実践するための本が存在するので、それを探すとよいでしょう。それらの中で、体系化された理論について多くは説明されているので、実際に「ブランディング」にチャレンジしてほしいと思っています。それらから学び取りつつ、2020年から先の未来はどうすべきか、どうあるべきかを「思考」する。そんなきっかけにこの本がなってくれれば、私たち自身大変うれしく思いますし、著者のみなさんも同じ気持ちであろうと考えています。

私たちは、日本のブランドが好きであり、日本のブランドを支えている人たちが大好きです。そんな人たちへのエールとして、少しでもこの本のメッセージが届けばうれしく思います。

最後に、この本を読んでくださった皆様、本当にありがとうございました！

2020年8月

株式会社フラクタ

株式会社フラクタ

2013年11月設立。「ブランド価値の総量最大化」をミッションとする、デジタルネイティブブランディングエージェンシー。
テクノロジーとデザインで日本のD2Cブランドを支援し、数多くのEコマースとブランディングプロジェクトに寄り添ってきた経験から、ブランドに必要なことを設計から制作まで最適かつコンパクトに提供。

【編集協力】
株式会社フラクタ ディレクター　土井 千明

【執　筆】
〔第1章〕
株式会社フラクタ ブランドストラテジック局 局長　狩野 雄

〔第2章〕
株式会社フラクタ ビジネスデザイン室長　村中 花梨

〔第3章〕
株式会社フラクタ プランナー　眞喜志 康人
株式会社フラクタ ディレクター　南茂 理恵

〔第4章・第5章〕
株式会社フラクタ 代表取締役　河野 貴伸
株式会社フラクタ ディレクター　土井 千明

【カバーデザイン・本文図版デザイン】
株式会社フラクタ アートディレクター　宮崎 麻美

DtoC After 2020　日本ブランドの未来

発行日　2020年9月18日　初版
著者　株式会社フラクタ
発行者　東彦弥
発行所　株式会社宣伝会議
〒107-8550
東京都港区南青山3-11-13
TEL. 03-3475-3010（代表）
http://www.sendenkaigi.com/

装丁　株式会社フラクタ
本文デザイン　星陽介（Hoshi Design Station）
印刷・製本　光村印刷株式会社

ISBN 978-4-88335-500-6　C2063